नद
nada

Karin Jundt

Ich liebe mich selbst

und mache mich glücklich

Ein Kurs in Selbstliebe

nada Reihe Wegweiser

Bibliografische Information der Deutschen Nationalbibliothek:
Die Deutsche Nationalbibliothek verzeichnet diese Publikation in der
Deutschen Nationalbibliografie; detaillierte bibliografische Daten sind
im Internet über http://dnb.d-nb.de abrufbar.

3. überarbeitete Auflage 2019
Copyright © 2015, 2016, 2019 **nada** Verlag, CH-8712 Stäfa
Alle Rechte vorbehalten, einschließlich des Rechts der teilweisen
oder vollständigen Wiedergabe in jeder Form.
Herstellung: Books on Demand GmbH, Norderstedt
Printed in Germany

ISBN 978-3-907091-04-3

*Gewidmet meiner Mamma († 2012),
in liebevollem Gedenken.*

Inhaltsverzeichnis

Eine kurze Einleitung 11
I. Selbsteinschätzung und Standortbestimmung 14
II. Wer macht mich glücklich? 17
III. Die Basis des Selbstwertgefühls 25
   1. Unser falsches Selbstwertgefühl 26
   2. Das wahre Selbstwertgefühl 32
IV. Vom Selbstwertgefühl zur Selbstliebe 41
   1. Ein Irrglaube: Liebe ist nicht gratis 41
   2. Liebe *ist* gratis! 42
V. Neuprogrammierung und die ersten
   Verhaltensänderungen 46
   1. Affirmationen 47
   2. Sich selbst erinnern 48
   3. Zwei einfache, wirksame Verhaltens-
      änderungen 51
VI. Anzeichen mangelnder Selbstliebe 56
VII. Üben, üben, üben 98
   1. Anleitung zur Änderung
      von Verhaltensweisen 98
   2. Eins nach dem anderen 101
VIII. Angst und Mut 103
   1. Die Angst personifizieren und übergehen 104
   2. Woher nehme ich den Mut? 105
   3. Die Angst überlisten 107
   4. Mach es zuerst dir selbst recht! 108
IX. Die Stützen der Selbstliebe 114
   1. Der Gleichmut 114
   2. Das Urvertrauen 120

Schlusswort 128

*Die meisten Menschen
gehen nicht am Leben zugrunde,
sondern an einer unglücklichen Liebe –
zu sich selbst.*

Gerhard Uhlenbruck

Eine kurze Einleitung

Es geschah in einem Grotto im Tessin. Roberto und ich saßen an einem Tisch in der Nähe des Kamins, in dem ein Kupferkessel mit Polenta über dem Feuer hing. Ich sehe das Bild noch vor mir, als wäre es gestern gewesen – dabei ist es schon bald drei Jahrzehnte her. Es hat sich in mein Gedächtnis eingeprägt, weil es eines der Schlüsselerlebnisse meines Lebens war. Worüber wir gesprochen haben, weiß ich hingegen nicht mehr; es ging aber wie so oft um mich, um eine meiner Schwierigkeiten oder Unzulänglichkeiten, denn Roberto war zwar auch mein Freund, vor allem aber mein Lebenslehrer.

Die Polenta mit den Steinpilzen stand schon vor uns und wir wollten gerade mit dem Essen beginnen. Zu dem, was ich eben erzählt hatte, sagte er: „È la ferita dei non amati." Es ist die Wunde der Ungeliebten.

Diese Worte waren ein Dolchstoß in mein Herz. Sofort schossen mir die Tränen in die Augen und ich ließ ihnen freien Lauf, lange Minuten, in denen ich schwieg und es in mir drinnen nur unaufhörlich sagte: „Das ist es. Genau das ist es. Das ist meine Wunde. Ungeliebt." In einem Flashback zog vor meinem inneren Auge blitzschnell einiges vorbei, was ich in meinem Leben schon getan hatte, um ein bisschen Liebe zu bekommen. Gebettelt, gebuhlt, gekämpft, betrogen, mich erniedrigt, …

Ungeliebt. Ungeliebt von mir selbst. Es war der Moment, in dem mir bewusst wurde, dass ich mich selbst nicht liebte. Zum ersten Mal in meinem Leben erkannte ich es. Und ich war damals schon fast 40.

Inzwischen bin ich einen weiten Weg gegangen und habe dieses Buch – und daraufhin noch ein zweites – darüber geschrieben, nachdem ich meine Methode zum Aufbau und zur Stärkung der Selbstliebe viele Jahre lang in Seminaren gelehrt habe. Es ist ein wie ein Kurs aufgebauter Leitfaden.

→ „Ich liebe mich selbst 2 – Übungsbuch"; Info Seite 135

Aus der Überzeugung, dass auf diesem Gebiet Wissen als Selbstzweck sinnlos ist, vielmehr von praktischem Nutzen sein muss, sind theoretische Erklärungen knapp gehalten, auf das Wesentliche beschränkt, und ich schreibe nur über Erkenntnisse und Methoden, die ich selbst gelernt, geübt, praktiziert und gelehrt habe.

Damit der Textfluss nicht durch Exkurse unterbrochen wird, stehen zusätzliche Erläuterungen und auflockernde, sinnreiche Geschichten in einem separaten Kasten am Ende eines Kapitels, worauf jeweils am Rand verwiesen wird.

Selbstliebe und Selbstwertgefühl lassen sich indes nicht allein durch das Lesen eines Buches erwerben. Ebenso wenig wie in einem Kurs, wenn alle um einen Tisch sitzen und auch konkrete Probleme diskutiert werden. Ich hatte mir zwar oft gewünscht, ich könnte meinen Kursteilnehmern die Selbstliebe auf einem silbernen Tablett präsentieren, sodass sich jeder so viel nehmen kann, wie er möchte, wie er braucht. Doch das geht nicht. Es liegt daran, dass – wie man so schön auf Italienisch sagt – fra il dire e il fare c'è di mezzo il mare. Zwischen dem Reden und dem Handeln liegt das Meer.

Wir verändern uns nämlich nicht allein dadurch, dass wir etwas wissen, sondern erst wenn wir dieses Wissen auch umsetzen und leben. Nur so *bilden* wir uns im wahren Sinn des Wortes: Wir bilden unsere Persönlichkeit, unseren Charakter, wir gestalten unser Leben. Das ist immer ein Prozess, nicht lediglich ein Augenblick des Lernens, und führt nur durch stetes Üben und Arbeit an sich selbst zum Erfolg.

Das Problem liegt oft im „Wie". Wie können wir unser Bücherwissen in die Praxis umsetzen? Banale Sprüche in der Art von „Du musst eben selbstbewusster auftreten!" helfen uns nicht. Was ich deshalb mit diesem Buch beitragen will: euch wohl grundlegende Einsichten vermitteln, vor allem aber die notwendigen Werkzeuge vorstellen, damit ihr die neuen Erkenntnisse in das Alltagsleben übertragen könnt. Ich weise also den Weg, aber gehen muss ihn jeder Einzelne selbst, allein und Schritt um Schritt.

Was uns dabei die größten Schwierigkeiten bereitet, bis hin zum Scheitern, ist nicht etwa ein Mangel an Willenskraft. Vielmehr behindert uns die Angst. Deshalb versuche ich auch, euch Wege aus der Angst zu zeigen, damit ihr den zur Veränderung unerlässlichen Mut findet.

Ich kann euch versichern, dass es sich lohnt – und es machbar ist. Ich selbst besaß bis zum Alter von 40 Jahren null Selbstwertgefühl, null Selbstliebe. Und das Schlimmste war, dass ich es nicht einmal wusste! Es war mir nicht klar, dass viele meiner Probleme im Alltag, mit Mitmenschen, in meinem ganzen Umfeld, ebenso wie ein wiederkehrendes Empfinden von Unglücklichsein und Unzufriedenheit mit mir selbst nur auftraten, weil ich mich nicht liebte.

In dieser Hinsicht habt ihr, liebe Leser*innen, bereits den ersten Schritt getan, denn offenbar seid ihr euch dessen bewusst und wollt es ändern, sonst würdet ihr euch wohl kaum mit diesem Buch beschäftigen.

Es wird euch gelingen, so wie es mir gelungen ist. Ich war ein schwacher, von vielen Ängsten geplagter Mensch, und was ich geschafft habe, schafft ihr auch. Macht einfach, was ihr könnt, ohne euch zu überfordern, und seid stets geduldig und nachsichtig mit euch selbst. Schon der kleinste Schritt in Richtung mehr Selbstliebe wird euch ein Plus an Lebensqualität schenken und euch darin bestärken weiterzumachen.

Zum Schluss noch zwei Bemerkungen. Ich erlaube mir, euch in diesem Buch zu duzen, nicht aus Respektlosigkeit oder Überheblichkeit, sondern aus tief empfundener Empathie für alle Menschen, die sich auf dem Pfad der Selbstveränderung befinden.

Zudem beschränke ich mich um der leichteren Lesbarkeit willen auf die männliche Form – über solchen Äußerlichkeiten stehen wir (Frauen) doch!

Für euren Weg wünsche ich euch Mut, Vertrauen und vor allem viel, viel Freude an eurer inneren Entwicklung und am Leben!

Dezember 2019

Meine Website: www.selbstliebe.ch

I. Selbsteinschätzung und Standortbestimmung

Welcher Mensch würde von sich behaupten, seine Selbstliebe und sein Selbstwertgefühl seien unerschütterlich und vollkommen? Wohl kaum einer, der nicht an Größenwahn oder Realitätsverlust leidet. Wir alle sind uns mehr oder minder bewusst, dass unser Selbstwertgefühl eine fragile, labile Eigenschaft ist, die sich manchmal stärker, manchmal schwächer ausgeprägt äußert und die leicht angekratzt und aus dem Gleichgewicht geworfen werden kann.

In meinen Seminaren zum Thema Selbstliebe legte ich zu Beginn jeweils am Boden große Blätter aus mit den Prozentzahlen 10, 30, 50, 70, 90 und bat die Teilnehmer, sich zum Blatt mit der Zahl hinzustellen, die nach ihrer Einschätzung dem Ausmaß ihrer Selbstliebe entsprach. Selten stand jemand bei 10 oder bei 90, die meisten gruppierten sich zwischen 30 und 50.

Fragte ich sie, worauf ihre Eigenbeurteilung gründete, blickte ich meistens in ratlose Gesichter. „So rein gefühlsmäßig...", war die häufigste Antwort. Wollte ich kurz darauf aber wissen, warum sie sich für den Kurs angemeldet hatten, erhielt ich klare und vielseitige Antworten, etwa:

„Ich habe meinen Job verloren und in meinem Alter ist es nicht einfach, eine neue Stelle zu finden. Ich habe Dutzende Bewerbungen geschrieben und immer Absagen bekommen, ich habe inzwischen überhaupt kein Selbstwertgefühl mehr, ich komme mir so nutzlos vor, so wertlos."

Oder: „Mein Partner hat mich verlassen – wegen einer anderen Frau. Das ist so schmerzhaft! Und natürlich frage ich mich, was ich falsch gemacht habe. Mein Selbstwertgefühl ist am Boden zerstört."

Oder: „Ich schaffe es einfach nicht, mich durchzusetzen. Immer trägt man mir die lästigen Arbeiten auf, man schickt mich sogar Kaffee holen, obwohl solche Aufgaben überhaupt nicht in meinem Arbeitsbereich liegen. Und ich kann mich nicht wehren. Dann muss ich Überstunden machen, die Familie leidet darunter. Ich möchte endlich lernen, Nein zu sagen."

Oder: „Ich fühle mich bei der Arbeit überfordert. Ich habe ständig Angst zu versagen. Ich schaffe es zwar, ja, eigentlich alles, aber ich habe immer Angst, Fehler zu machen."

Oder allgemeiner: „Ich möchte endlich wissen, wer ich bin, was ich tatsächlich will. Ich habe oft das Gefühl, nicht wirklich ich selbst zu sein."

Und: „Ich möchte spontaner sein, lockerer, weniger kontrolliert; ich fühle mich oft gehemmt und blockiert."

Bis hin zu: „Ich sehe im Leben keinen Sinn. Alles läuft schief, ich habe keine Zukunft."

In fast jedem Kurs befanden sich einzelne Teilnehmer, die an einer schweren körperlichen oder psychischen Krankheit litten oder diese eben erst überwunden hatten, wie Krebs oder eine Depression, denn auch solche Schicksalsschläge können das Selbstwertgefühl schwächen.

Nun bitte ich dich, einmal darüber nachzudenken, warum du deine Selbstliebe, dein Selbstwertgefühl für zu gering hältst – und daher dieses Buch liest –, worin du deine größten Probleme siehst. Es ist wichtig, dir dessen deutlicher bewusst zu sein als nur „so gefühlsmäßig", willst du daran etwas ändern.

Schreib deine Überlegungen bitte jetzt gleich im Formular auf der nächsten Seite auf, bevor du weiterliest, also solange du noch unbeeinflusst bist von den Erkenntnissen, die du bei der Lektüre gewinnen wirst.

Eigene Problemfelder in Bezug auf die Selbstliebe

Du beantwortest diese Fragen nur für dich selbst, also sei ehrlich. Schreib auf, was dir dazu einfällt, auch nur in Stichworten, ganz wie du möchtest. Nur du musst deine Notizen verstehen. Aber nimm dir all die Zeit, die du brauchst.

Schreib bitte mit Bleistift, möglicherweise willst du später etwas korrigieren.

1. Wie schätze ich mein Selbstwertgefühl / meine Selbstliebe auf einer Skala von 1 bis 10 ein? (Zutreffendes einkreisen)

1	2	3	4	5	6	7	8	9	10

schwach   ***Selbstwertgefühl / Selbstliebe***   *stark*

2. Worin liegen meine größten Probleme, die auf mangelnder Selbstliebe / mangelndem Selbstwertgefühl beruhen? (max. 2)

_____
_____
_____

3. Wie wirken sich diese Probleme in meinem Alltag aus, im beruflichen und/oder privaten?

_____
_____
_____
_____

4. Was möchte ich ganz konkret an mir verändern?

_____
_____
_____
_____

II. Wer macht mich glücklich?

Bevor wir uns eingehend dem Hauptthema dieses Buches zuwenden, müssen wir uns kurz mit dem Glücklichsein befassen. Darum geht es uns schließlich im Leben. Wären wir ununterbrochen glücklich, würden wir keinen Gedanken daran verschwenden, wie es um unsere Selbstliebe bestellt ist. Wir sehen uns nur gezwungen, uns damit auseinanderzusetzen, weil es offenbar nicht der Fall ist und wir zur Erkenntnis gelangt sind, dass die fehlende Selbstliebe ein Grund dafür sein könnte.

In der Tat ist ohne ein gesundes Maß an Selbstliebe kein dauerhaftes Glück möglich. Wir geraten dann nämlich zum einen immer wieder in Situationen, sogar in länger anhaltende Lebensumstände, mit denen wir unzufrieden sind, und schaffen es nicht oder nur mit viel Mühe und nach langer Leidenszeit, uns daraus zu befreien. Zum anderen halten wir uns nicht für wert, Liebe zu bekommen und Gutes zu genießen: Aus Selbstverachtung verschließen wir uns dem Glück, manchmal sogar wenn es an unsere Tür klopft, und gehen mitunter so weit, unser Unglück regelrecht zu suchen und zu provozieren. Darüber hinaus empfinden wir uns häufig als würdelos, weil wir zulassen, dass andere in erniedrigender Weise mit uns umgehen und uns ausnutzen, und damit verbunden ein ständiges unterschwelliges Unbehagen, nicht unser wahres Leben zu leben.

In der Regel glauben wir, dass es möglich ist, unser Glück zu finden, und wir versuchen mit den Mitteln, die uns geeignet scheinen und uns zur Verfügung stehen, das zu erlangen, was wir dafür halten. Für die einen ist es Geld, Macht oder Ruhm, andere fühlen sich glücklich, wenn sie zum Wohl der Gemeinschaft beitragen, ihr Leben einer Leidenschaft, einer Ideologie, einem Glauben, einer Mission weihen. Manche sind mit wenig glücklich, manche brauchen viel, und was dem einen wichtig ist, kann für einen anderen völlig bedeutungslos sein.

→ „Glücksjäger" Seite 23

Eines ist jedoch für uns alle unerlässlich, denn es geht um eine tiefe Sehnsucht, die alle Menschen stillen wollen: befriedigende und bereichernde zwischenmenschliche Beziehungen und vor allem Liebe, Nähe, Wärme, Angenommensein und Verstandenwerden.

Konkret wünschen wir uns ein gutes, liebevolles Verhältnis zu unseren Eltern, Kindern, Verwandten und zu unserem Partner, in erster Linie. Dann Freunde, die für uns da sind und zu uns stehen, Arbeitskollegen, die uns mögen, ein Chef, der uns schätzt, ferner Nachbarn, Bekannte und andere Menschen, mit denen wir gelegentlich zu tun haben, die umgänglich und freundlich sind, sodass wir mit ihnen gut auskommen. Ein legitimer Wunsch, zu dessen Erfüllung wir selbst etwas beitragen können. Allerdings nicht, indem wir stets lieb und nett sind, uns anpassen und es allen recht machen wollen. Mehr dazu in späteren Kapiteln.

Manchmal sagen wir zwar zu einem geliebten Menschen: „Du tust mir gut... Du bist das Glück meines Lebens...", dann aber auch: „Du bist schuld, dass ich verletzt bin... dass es mir schlecht geht... Wenn du das nicht getan hättest, wäre ich jetzt nicht so traurig...".

→ „Die Bedürfnisse befriedigen?" Seite 24

In Wirklichkeit dürfen wir jedoch niemanden für unser Unglück verantwortlich machen – ebenso wenig wie für unser Glück. Wir haben nämlich weder das Recht noch die Macht, anderen Menschen unseren Willen aufzuzwingen: Du kannst keinem befehlen, dich zu lieben, weil du von ihm geliebt werden möchtest, weder den Eltern noch den Kindern noch dem Partner, oder sich so zu verhalten, wie du es gern hättest.

Von Kursteilnehmern habe ich oft gehört, wie sehr sie unter dem schlechten Verhältnis zu den Eltern leiden und wie viel Mühe sie sich geben, es zu verbessern, immer wieder das Gespräch suchen, versöhnlich auf die Mutter, den Vater zugehen, um alte Wunden zu heilen. Aber wenn alles nichts nützt und es nicht gelingt... Analoges natürlich mit den Kindern.

→ Ein Weg zu einer glücklichen Paarbeziehung ist das Thema meines Buches „Liebe ist kein Deal"; Info siehe Seite 134.

In der Paarbeziehung erleben wir ebenfalls, wie ohnmächtig wir oft sind. Manchmal führt uns das Schicksal zu unserer großen Liebe, doch das Zusammenleben ist nicht einfach, erweist sich mit der Zeit vielleicht sogar als unerträglich und unmöglich. Oder wir begegnen ihr erst gar nicht, sind allein und fühlen uns einsam. Oder haben sie gefunden und werden verlassen.

Über die Arbeitswelt brauche ich nicht viel zu sagen. Ich kenne niemanden, der nicht über jemanden klagt, sei es über den Chef oder die Kollegen, die Kunden oder die Lieferanten. Oft lässt sich unsere Berufssituation jedoch nicht ändern, die Sachzwänge verunmöglichen es uns.

Schon gar keine Macht haben wir über das Schicksal. Wir können von ihm nicht fordern, uns und unsere Lieben bis an unser Lebensende gesund und glücklich zu erhalten, uns stets das zu schenken, was wir uns gerade wünschen, und von uns fernzuhalten, was uns Leiden verursacht.

Wir wissen alle aus Erfahrung, dass das Schicksal ziemlich eigenwillig ist. Nach unserer Vorstellung von Ursache und Wirkung und von Gerechtigkeit meinen wir zwar, es müsste ein Zusammenhang bestehen zwischen unserem Bemühen, unserer Leistung, unserer Willenskraft und dem Ergebnis. Aber so ist es nicht. Wir brauchen uns nur ein bisschen in der Welt umzusehen, um diese Tatsache täglich vor Augen geführt zu bekommen: Wie viele landen unverschuldet auf dem Abstellgleis der Gesellschaft, wie viele Nichtsnutze bringen es zu Reichtum und Macht, manch einer erreicht seine Ziele, ohne dafür zu schuften, während ein anderer erfolglos dafür kämpft.

Nicht umsonst wird die Glücksgöttin, die Fortuna, in der Regel mit verbundenen Augen dargestellt und mit einem Füllhorn, aus dem sie ihre Gaben wahllos streut, unbeeinflusst davon, ob jemand es nach menschlichem Ermessen verdient oder nicht. Manchmal haben wir Wünsche, und Fortuna erfüllt sie uns – unabhängig davon, wie sehr wir uns bemüht haben. Manchmal haben wir Wünsche, und Fortuna übergeht sie – ebenfalls ungeachtet unserer eigenen Anstrengungen. Ein bekanntes Beispiel veranschaulicht es: Es gibt Frauen, die ein Kind möchten und schnell schwanger werden, andere möchten ebenfalls eines und tun alles dafür, aber es klappt nicht. Dann solche, die kein Kind wollen und trotz Leichtsinn auch keines bekommen, und wiederum solche, die keines wollen und trotz Vorsichtsmaßnahmen Mutter werden. Es gibt nun einmal keinen zwingenden Zusammenhang zwischen unserem Wollen oder Nicht-Wollen, einerseits, und dem, was wir bekommen oder nicht bekommen, andererseits.

→ „Unsere Wünsche und die blinde Göttin" Seite 22

Halten wir einmal fest: Weder andere Menschen noch das Schicksal machen uns garantiert glücklich, denn sie sind nicht lenkbar und berechenbar. Wer dann? So seltsam es sich anhören mag: *Wir selbst, und nur wir selbst, können für unser Glück sorgen.*

Das Geheimnis liegt darin, mit dem zufrieden zu sein, was wir haben. Wie sagt doch der Volksmund so schön? Wenn du nicht hast, was du liebst, musst du lieben, was du hast. Auf das Glücklichsein übertragen heißt das: Wenn du nicht besitzt, was dich glücklich macht, dann sei glücklich mit dem, was du besitzt. Solche Binsenweisheiten sind nicht immer so banal, wie sie auf den ersten Blick wirken.

Es geht hier um die Frage, ob wir das Glas als halb leer oder als halb voll ansehen. Ein und dieselbe Tatsache kann uns zwei gegensätzliche Empfindungen verursachen: Einmal blicken wir auf die obere Hälfte und sind traurig, nur Leere zu sehen, einmal auf die untere Hälfte und freuen uns darüber, noch so viel Wein zu haben. Und vielleicht vertrauen wir auch darauf, dass im richtigen Moment jemand nachschenkt.

Unsere Betrachtungsweise bestimmt also, wie wir uns fühlen, was bereits Epiktet, der griechische Philosoph aus dem 1./2. Jahrhundert n. Chr. erkannte: „Nicht die Dinge selbst, sondern nur unsere Vorstellung über die Dinge machen uns glücklich oder unglücklich."

Schauen wir einmal aus dieser Perspektive auf die geläufigen potentiellen Glücklichmacher, Geld, Macht, Ruhm, Selbstverwirklichung und vor allem die für uns so wichtigen zwischenmenschlichen Beziehungen. Wenn wir trotz aller Bemühungen nicht reich sind, uns der Erfolg in Wirtschaft, Politik, Kunst oder auf anderen Gebieten versagt bleibt, wenn Konflikte in der Familie, am Arbeitsplatz, mit Nachbarn, Bekannten oder im sonstigen Umfeld bestehen, wenn unser Dasein nicht nach Plan verläuft, dann haben wir zwei Möglichkeiten: Entweder sind wir deswegen unglücklich oder wir akzeptieren die betreffende Situation – das halb leere Glas eben – und erfreuen uns an anderen, erfüllenden Lebensbereichen – dem halb vollen Glas. In diesem Sinne liegt es tatsächlich in unserer Macht, für unsere Zufriedenheit zu sorgen.

→ Ausführlicher behandle ich dieses Thema in Kapitel IX.

Dass alle erwähnten vermeintlichen Glücklichmacher, allen voran das Geld, nicht zwingend glücklich machen, ist hinlänglich bekannt. Die Selbstliebe hingegen trägt auf jeden Fall dazu bei, dass wir zufriedener leben: Ist sie stark und fühlen wir uns in uns selbst geborgen, fällt es uns leichter, mit schwierigen Umständen umzugehen. Sogar problematische zwischenmenschliche Beziehungen verursachen uns weniger Leid, weil wir besser in der Lage sind, sie entweder positiv zu verändern oder zu beenden.

Näher gehe ich auf diese Thematik jetzt noch nicht ein; der Zusammenhang zwischen Selbstliebe und Glücklichsein kommt in den folgenden Kapiteln wieder zur Sprache.

Unsere Wünsche und die blinde Göttin

Wir erliegen oft der irrigen Annahme, wir hätten unser Leben im Griff, wir könnten vorausschauen, planen, lenken, beeinflussen. Doch die Realität lehrt uns etwas anderes: Wir bemühen uns um etwas – und das erhoffte Ergebnis bleibt aus. Aber auch: Wir bemühen uns um etwas – und das erhoffte Ergebnis tritt ein. Ebenso: Wir lassen alles schlittern – und es entsteht etwas Positives daraus. Und wiederum: Wir lassen alles schlittern – und geraten dabei in eine unerfreuliche, schwierige Lage. Über das Schicksal haben wir nun einmal keine Macht, egal was wir darunter verstehen: einen göttlichen Plan, eine Glücksgöttin, ein sinn- und zielloses Chaos.

→ Vergleiche „Die Angst zieht das Gefürchtete an" Seite 113

Unsere Sehnsucht und ein zielgerichtetes Streben sind allerdings eine mächtige Energie, die das Ersehnte anziehen und verwirklichen können. Das geht zuweilen aber ins Auge, denn die Glücksgöttin Fortuna ist nicht nur blind, sondern offenbar auch zerstreut, und es fehlt ihr das Zeitgefühl. Manchmal erfüllt sie unseren Wunsch nämlich nicht genau so, wie wir es uns vorstellen, oder zu spät, zu einem Zeitpunkt, in dem wir ihn gar nicht mehr hegen – und das kann dann zum Problem werden. Wie die nette Weisheit sagt: Wen Gott bestrafen will, dem erfüllt er seine Wünsche!

Seien wir aber realistisch: Wunschlosigkeit ist eine Illusion, denn Wünsche bereiten uns Freude und treiben uns positiv an, sodass niemand gänzlich darauf verzichten will. Dagegen ist auch nichts einzuwenden, es kommt nur darauf an, wie wir damit umgehen. Unglücklich werden wir schließlich nicht wegen des Wunsches an sich, sondern nur dann, wenn er sich nicht erfüllt.

Unsere Einstellung ist es folglich, was wir ändern müssen: Der Wunsch soll ein Impuls sein, den wir freisetzen und sich selbst überlassen – wie eine Kugel, die wir oben am Berg anstoßen und die unvorhersehbar ihren Lauf nimmt. Ob sie in einer blühenden Wiese zum Stillstand kommt, in einen Teich fällt und untergeht oder mitten auf der Straße liegen bleibt und vom nächsten Auto zerstört wird, entzieht sich unserer Macht. Es hängt nicht von uns ab, sondern vom Schicksal, von Gott oder den Göttern oder wie wir diese Instanz nennen wollen – unser Glück dürfen wir nicht davon abhängig machen.

Missversteht mich nicht. Ich fordere nicht dazu auf, fatalistisch Däumchen zu drehen und alles sich selbst zu überlassen. Wir bemühen uns, geben unser Bestes – nur die Erwartung an ein bestimmtes Ergebnis lassen wir los.

Glücksjäger

Ein Mann, Mitte 30, erzählte mir einmal, er sei nach einigen Schicksalsschlägen zum Schluss gelangt, dass das Leben zu kurz ist, um zu leiden. Von da an lautete seine Devise: Spaß, Spaß und nochmals Spaß! Er begann, dem Glück nachzujagen und es in Höhepunkten zu suchen und zu finden. Er nannte sie die Hypes. Die unweigerlichen Tiefs dazwischen verdrängte er. Mit der Zeit brauchte er jedoch immer stärkere Reize, auch Drogen, um noch Glücksgefühle zu empfinden, und die Leere in ihm breitete sich immer weiter aus. Erst als er ganz unten angelangt war, schaffte er es, sich von allem abzuwenden und einen neuen positiven Weg einzuschlagen.

Ich bin zutiefst davon überzeugt, dass wir das Recht haben, in diesem Leben glücklich zu sein. (Und ich glaube keineswegs, wie gewisse religiöse Strömungen meinen, dieses Leben müsse ein Jammertal sein, damit wir uns die Seligkeit im Jenseits verdienen.) Es gibt aber Glück und Glück.

Das eine ist das Glück der Hypes – zugleich das Unglück der Hypes. Denn das Ego will Action, Emotionen, egal wie. Jedes Ego ist ein Glücksjäger. So nimmt es auch in Kauf, einen kurzen Augenblick des Hochs mit viel Leid bezahlen zu müssen. Und kann es gerade keine Glücksmomente erhaschen, so sucht es sich sogar leidvolle – Hauptsache es herrscht eine Gemütswallung und nicht die Langeweile der gleichförmigen Zufriedenheit. Diese Glücks- oder Schmerzmomente sind wie eine Droge: Die Dosis muss ständig erhöht werden, damit man überhaupt noch etwas spürt. Einige Menschen, wie der Mann, der mir seine Geschichte erzählte, erkennen mit der Zeit, dass es im Leben mehr gibt als das sogenannte Glück der Hypes. Andere lernen es nicht so schnell und machen lange leidvolle Erfahrungen.

Das andere ist das wahre Glück, besser: die anhaltende Zufriedenheit und Lebensfreude. Diese finden wir, wenn wir in uns selbst ruhen. Dann können wir alles, was die Welt uns schenkt, genießen, ohne jedoch darauf angewiesen zu sein; es tut nicht weh, wenn wir es nicht mehr bekommen oder es uns wieder genommen wird.

Diese innere Ruhe, die Geborgenheit in uns selbst, bedarf der Selbstliebe und des Urvertrauens. Der Selbstliebe, damit wir es wagen, ganz wir selbst zu sein und unser Leben zu leben. Und das Urvertrauen schenkt uns die Gewissheit, dass wir es nicht nötig haben, um unser Glück zu kämpfen: Es wird uns immer alles gegeben, was wir brauchen und uns guttut.

Solange du nach dem Glück jagst, bist du nicht reif zum Glücklichsein.
Hermann Hesse

Die Bedürfnisse befriedigen?

Gute Freunde sagen uns zuweilen: „Du darfst deine Bedürfnisse nicht missachten, du musst sie befriedigen, andernfalls wirst du unglücklich und krank."

Es ist in der Tat wichtig für uns zu erkennen, was wir möchten und was nicht, was für uns von Bedeutung ist und was nicht. Unsere Bedürfnisse befriedigen, uns unsere Wünsche erfüllen – dagegen ist nichts einzuwenden. Sofern es in unserer Macht liegt. Essen, wenn wir Hunger verspüren, schlafen, wenn wir müde sind, Freunde treffen, wenn wir Lust dazu haben, uns ein neues Kleid kaufen, wenn es uns aus dem Schaufenster anlacht. Nein sagen, wenn wir etwas nicht wollen, eine neue Stelle suchen, wenn unsere Tätigkeit uns nicht länger erfüllt, auf das Fitnesstraining verzichten, wenn wir gerade nicht mögen.

Doch schon solche einfachen Bedürfnisse lassen sich nicht immer befriedigen. Du kannst dich nicht hinlegen und schlafen, wenn du dich gerade in einer Sitzung befindest, oder Geld ausgeben, das du nicht besitzt.

Extrem schwierig, ja manchmal unmöglich, wird das Befriedigen der Bedürfnisse, sobald andere Menschen darin verwickelt sind oder äußere Umstände mitspielen. Wie könntest du deine Sehnsucht nach Liebe stillen, wenn du den richtigen Partner nicht findest? Eine harmonische Beziehung mit den Eltern führen, wenn sie herrschsüchtig, egoistisch, nachtragend, ungerecht sind? Deinem geliebten Hobby nachgehen, wenn eine chronische Krankheit es dir verunmöglicht?

Es gibt Dinge im Leben, die wir nach unseren Wünschen gestalten können, mehr Dinge jedoch, bei denen wir nicht die Macht dazu haben. Wäre es also nicht sinnvoller, unsere Bedürfnisse wohl wahrzunehmen, uns dann aber realistisch damit auseinanderzusetzen und diejenigen in Frieden mit uns selbst abzulegen, die außerhalb unserer Reichweite liegen? Anstatt uns in Sehnsüchten zu verlieren, in Kämpfen zu verstricken und dabei das zu verpassen, was möglich wäre?

Wenn wir die Energie, die wir in hoffnungslose Bemühungen stecken, dazu verwenden, mehr Selbstliebe, Urvertrauen und Gleichmut zu erlangen, gestaltet sich unser Dasein bestimmt glücklicher. Leben wir – im Kleinen wie im Großen – nach der alten Weisheit:

Ich verändere, was ich verändern kann; ich akzeptiere mit Gelassenheit, was ich nicht verändern kann; und ich bemühe mich aufrichtig darum, das eine vom anderen zu unterscheiden.

Und vergessen wir dabei nie: Wir können nicht andere Menschen verändern, nur uns selbst.

III. Die Basis des Selbstwertgefühls

Was ist nun eigentlich diese Selbstliebe, die für unsere Zufriedenheit so wichtig ist, woher kommt sie, warum fehlt sie vielen Menschen?

Ich will zuerst klarstellen, was Selbstliebe nicht ist. Sie ist nicht Egoismus, obwohl man uns das manchmal vorwirft, wenn wir uns erlauben, wir selbst zu sein, selbstbestimmt zu leben. Selbstliebe hat nichts mit Selbst*sucht* oder Selbst*bezogenheit* zu tun und ebenso wenig mit anderen als negativ eingestuften Eigenschaften auf *Selbst-*, die zuweilen in den gleichen Topf geworfen werden: Selbstverliebtheit, Selbstgerechtigkeit, Selbstherrlichkeit.

Die Selbstliebe ist das Pendant zur Nächstenliebe, die wir alle ja als überaus positiv und erstrebenswert betrachten. Schon Jesus sagte: „Liebe deinen Nächsten *wie dich selbst.*" Er hätte noch ausdrücklich betonen sollen: *„Und liebe dich selbst* wie deinen Nächsten."

Nähern wir uns also dem Verständnis der Selbstliebe, indem wir die Frage beantworten: Warum mag ich einen anderen Menschen? Ich mag ihn, wenn er freundlich, zuvorkommend, hilfsbereit ist, vielleicht auch geistreich, intelligent, gebildet, humorvoll, wenn er meine politischen, religiösen, sozialen, ethischen Ansichten teilt, wenn er auf der gleichen Wellenlänge liegt, wenn die Chemie zwischen uns stimmt, ... Wenn er *in meinen Augen* im wahren Sinne des Wortes *liebens-wert* ist.

Es geht dabei also um eine *Bewertung*, und zwar nach *meinen subjektiven* Kriterien – einen Menschen, den ich für wertvoll halte, kann jemand anders als einen Schurken, einen Versager, einen Idioten betrachten. Denk nur daran, wie Eltern manchmal den Partner oder die Freunde ihres Kindes beurteilen!

Analog wenden wir auch auf uns selbst bestimmte Kriterien an und daraus ergibt sich unser eigenes Wertempfinden, mit anderen Worten: unser Selbstwertgefühl. Ein falsches Selbstwertgefühl, wie die folgenden Erläuterungen zeigen.

1. Unser falsches Selbstwertgefühl

Die Kriterien, nach denen wir andere Menschen und uns selbst beurteilen, stammen zu einem nicht unerheblichen Teil aus unserer Kindheit und Jugend und sind in unserem Unbewussten verankert. Die Menschen, denen wir vertrauten und die uns als Vorbilder dienten, die Eltern, Lehrer und andere Bezugspersonen, gaben uns durch ihre Belehrungen und ihr Verhalten zu verstehen, was *sie selbst* für wertvoll hielten, beispielsweise Ehrgeiz, überragende Intelligenz, respektvolles Verhalten, Mut, Schönheit, Reinlichkeit; und was sie für besonders verwerflich, also wertlos, hielten, etwa sexuelle Freizügigkeit, fehlende Bescheidenheit, Verschwendungssucht, Unpünktlichkeit, künstlerische oder „niedrige" Berufe.

Unsere Erziehung in Bezug auf das Wertesystem war ferner geprägt von Glaubenssätzen wie: „Das darf man nicht! Das macht man nicht! Das gehört sich so! Ein Junge weint nicht. Nur Schwächlinge geben auf. Wer dich einmal belügt, tut es immer wieder. Und und und…"

→ „Den äußeren und den inneren Verhaltenskodex prüfen" Seite 36 f.

All das haben wir uns einverleibt und zu eigen gemacht. Diese Werteparameter halten wir demnach für die unsrigen; in Wirklichkeit wurden sie uns aber anerzogen und gehören nicht zwangsläufig zu unserem Wesen wie etwa angeborene Eigenschaften. Ich spreche in diesem Zusammenhang gern davon, dass wir als Kinder *programmiert* wurden: Die Software ist in unserem Unbewussten gespeichert und steuert unser Denken und Handeln.

→ „Leave the shelter!" Seite 35

Mit einigen der uns vermittelten Fremdwerte setzen wir uns zwar irgendwann als Jugendliche oder Erwachsene rational und kritisch auseinander. Befinden wir sie für gut und richtig, übernehmen wir sie bewusst und können dann tatsächlich von *eigenen* Werten sprechen; im gegenteiligen Fall verwerfen wir sie und sind sie los. Viele, allzu viele, finden jedoch nie den Weg aus dem Unbewussten an die Oberfläche, wodurch wir sie überprüfen könnten, sondern beeinflussen uns weiterhin aus dem Verborgenen und begründen sogenannte Verhaltensmuster.

→ „Die Macht der Worte" Seite 44

Im Lauf der Kindheit und Jugend überhäufte man uns zudem mit einer Menge persönlicher Beurteilungen im Stil von: „Du kannst gut rechnen. Du bist aber schwer von Begriff. Du machst ständig die gleichen Fehler. Du bist ein Versager. Du hast schöne Augen. Du bist stark. Du wirst nie einen Mann finden. Du bist tapfer. Du hast zwei linke Hände. Du bist musisch unbegabt. Deine Sommersprossen sind süß. Du bist zu dick. Du hast einen schwachen Willen. Du erzählst lustige Witze. Du bist ein Angsthase."

Jede bewertende Aussage eines Menschen, dem wir vertrauten und glaubten, gravierte sich in uns ein, umso tiefer, je öfter wir sie zu hören bekamen, und trägt zur Art und Weise bei, wie wir uns selbst sehen. Auch bei diesen Bewertungen gibt es solche, die wir irgendwann im Lauf unseres Lebens hinterfragen oder durch persönliche Erfahrungen widerlegen und über Bord werfen, und andere, die wir weiterhin mit uns tragen.

Auf der Basis des Wertesystems und der individuellen Beurteilung, die unsere Bezugspersonen uns aufpfropften, entwickelten wir ein Bild des idealen Menschen. Des Menschen, den wir meinen sein zu müssen, damit man ihn als wertvoll betrachtet und lieb haben kann.

→ „Ein neues Ich entwerfen" Seite 38 f.

Halten wir diese Erkenntnisse fest und machen wir uns die Konsequenzen deutlich bewusst:
• Wir verhalten uns nach Regeln und Normen und bewerten uns nach Kriterien, die erstens nicht diejenigen unserer eigenen Natur und zweitens nicht universell gültig sind: Die Bezugspersonen, die uns seinerzeit programmierten, waren selbstverständlich nicht im Besitz der absoluten Wahrheit; es handelt sich um gewöhnliche Sterbliche mit persönlichen Vorlieben und Abneigungen, die sie an uns weitergaben.
• Wir haben ein Bild unseres *vermeintlichen Ich*, das uns durch die subjektive Wertschätzung anderer vermittelt wurde; es entspricht keineswegs dem *wahren Ich* unseres Wesens und unseres Potentials. Ferner haben wir aufgrund des in uns einprogrammierten Wertesystems ein Bild des *idealen Ich*, das wir uns zum Vorbild nehmen und dem wir nacheifern.
• Daraus folgt: Je nachdem, wie sehr wir uns in Übereinstimmung mit diesem Idealbild wahrnehmen und es uns gelingt, die in uns gespeicherten Normen und Regeln einzu-

halten, fällt unsere Eigenbewertung besser oder schlechter aus und dementsprechend ist unser Selbstwertgefühl stärker oder schwächer. Dabei lassen wir völlig außer Acht, dass wir normale Menschen mit normalen Unzulänglichkeiten sind und es uns unmöglich gelingen kann, dieses aufgezwungene Vollkommenheitsideal zu verwirklichen, zumal es möglicherweise im Widerspruch zu unserer Natur steht.

Bei diesen Einsichten sei mir, nebenbei bemerkt, die Frage erlaubt, ob wir hier überhaupt von *Selbst*wertgefühl sprechen dürfen und es nicht vielmehr *Fremd*wertgefühl nennen sollten. Bleiben wir für die folgenden Erörterungen aber ruhig beim gewohnten Begriff und schauen wir uns weitere Elemente an, aus denen wir fälschlicherweise versuchen, unser Selbstwertgefühl zu bauen.

Das aus der Kindheit stammende Basis-Selbstwertgefühl verändert sich laufend, im Extremfall täglich oder stündlich. Wir halten uns jeweils für mehr oder weniger wertvoll in dem Maß, wie wir die Wertschätzung – im wahren Sinn des Wortes: *Wert-Schätzung* – der Mitmenschen erfahren. Ihre anerkennenden und lobenden Worte, ihre herabwürdigenden Aussagen und Kritiken haben einen Einfluss auf unser Selbstwertgefühl. Nicht nur die Worte, auch die Taten anderer wirken auf uns wie eine Bewertung. Verliebt sich ein gut aussehender Mann, einer der von allen Frauen begehrt wird, in mich, so fühle ich mich geschmeichelt und es steigert mein Selbstwertgefühl. Verlässt mich hingegen mein Partner wegen einer anderen Frau, so verliere ich mein Selbstwertgefühl. Das Gleiche geschieht im beruflichen Umfeld, beispielsweise bei Beförderung und Entlassung: Ob es mich trifft oder meinen Kollegen, wirkt sich gegensätzlich auf meine Eigenbewertung aus.

Selten machen wir uns bewusst, dass das Ausmaß an Wertschätzung der anderen einzig und allein aus ihrer individuellen, nicht aus einer universell gültigen Werteskala stammt: Andere Menschen beurteilen – und verurteilen – dich aufgrund ihrer eigenen Programmierung, ihres eigenen Erlebten, ihrer eigenen Einsichten, die aber mit dir als Individuum überhaupt nichts zu tun haben.

Ein Beispiel dazu. Ein Kind, das bei misstrauischen Eltern aufwächst, die von anderen immer zuerst das Schlechtere denken, wird zu einem Menschen programmiert, der zu Misstrauen neigt. Wird er zudem im Lauf seines Lebens ein paarmal enttäuscht, über den Tisch gezogen, verraten, dann begegnet er dir mit Misstrauen, selbst wenn du der ehrlichste Mensch bist und dich vertrauenswürdig verhältst. Er bezichtigt dich regelmäßig der Lüge, obwohl du die Wahrheit gesagt hast. Heiratest du einen solchen Menschen, könnte die Ehe an seiner krankhaften Eifersucht scheitern. Er wird sich von dir öfter betrogen und verraten fühlen und es dir vorwerfen, dich damit regelrecht tyrannisieren. Besitzt du kein starkes Selbstwertgefühl und bist du von deinem Partner emotional abhängig, wirst du den Fehler bei dir suchen, möglicherweise unter Selbstzweifeln und Schuldgefühlen leiden und in deinem Verhalten übervorsichtig sein, alles vermeiden, was sein Misstrauen wecken könnte – du schränkst dein Leben ein, tust nicht mehr, was du eigentlich möchtest, du wirst dir selbst untreu. Alles, nur damit er nicht an deiner Aufrichtigkeit und Treue zweifelt.

Ein Misstrauischer wertet nicht aus der gleichen Optik wie ein Vertrauensseliger. Ebenso wie ein Moralist dich wegen eines Seitensprungs anders als ein Promiskuitiver beurteilt und ein Wahrheitsfanatiker dich nach einer Notlüge als einen Verbrecher hinstellt, ein notorischer Lügner hingegen als ein cleveres Schlitzohr. Ein Ängstlicher nennt eine Tat mutig, während ein Waghalsiger sie als nicht erwähnenswert einstuft.

Dabei muss noch ein weiterer Aspekt berücksichtigt werden: unsere Wahrnehmung und Beurteilung der fremden Bewertung. Es ist eine bekannte Tatsache, dass zwischen dem, was jemand *sagt*, und dem, was er *meint*, und dann dem, was der Angesprochene *versteht*, eine große Diskrepanz herrschen kann. Nicht selten missverstehen wir Aussagen und ziehen unkorrekte Schlüsse daraus. Noch größer ist die Gefahr einer Fehldeutung in Bezug auf das Verhalten anderer.

In jedem Fall ist die Bewertung deiner Mitmenschen rein subjektiv, folglich gewiss nicht das Kriterium, worauf du dein Selbstwertgefühl stützen solltest!

Was wir bisher erkannt haben: Ein unerbittlicher innerer Richter wohnt in uns und hält ständig über uns Gericht aufgrund des programmierten Verhaltenskodex und Ideal-Ich; zu allem Überfluss stützt er sich zusätzlich auf die laufende Bewertung unserer Mitmenschen, die er unter Umständen erst noch falsch interpretiert. Sein Urteil ist demnach willkürlich, es wird unserem wahren Ich in keiner Weise gerecht und verleitet uns zu einem völlig falschen Empfinden unseres Wertes.

„Gut, aber...", wurde ich an diesem Punkt in meinen Kursen oft gefragt, „wer oder was soll denn meinen Selbstwert bestimmen, wenn weder meine eigene Beurteilung noch die der anderen zuverlässig sind?" Eine berechtigte Frage, die ich jeweils an meine Kursteilnehmer zurückgab. Worauf können wir ein starkes, stabiles Selbstwertgefühl begründen? Sie schlugen unter anderem vor: „Vielleicht auf einigen mit dem Selbstwertgefühl verwandten Eigenschaften, wie Selbstsicherheit, Selbstbewusstsein, Selbstvertrauen, Selbstachtung."

Beschäftigen wir uns einmal näher damit. Wann fühlen wir uns selbstsicher oder selbstbewusst? Wann haben wir Selbstvertrauen? Wann achten wir uns selbst? Vermutlich versteht und empfindet nicht jeder exakt das Gleiche, zumal die Begriffe untereinander ähnlich sind und teilweise synonym gebraucht werden. Ich gebe hier in zusammengefasster Form Erklärungen wieder, die ich in meinen Seminaren gehört habe und die durchaus zutreffen.

• Ein Mensch fühlt sich selbstbewusst und selbstsicher, wenn er sich für gut aussehend, attraktiv, sexy, humorvoll, geistreich, intelligent hält, interessant als Gesprächspartner, Ratgeber, Freund; wenn er weiß, dass er bei anderen gut ankommt, beliebt und begehrt ist und bewundert wird; Selbstsicherheit kann auch auf Reichtum und Macht gründen, auf einer angesehenen beruflichen Stellung oder einer Familie im Rücken, die schützt und stützt.

• Während wir das Selbstbewusstsein eher auf unseren Tugenden aufbauen, gründet das Selbstvertrauen – und wiederum auch die Selbstsicherheit – auf unseren Leistungen: Wir sind davon überzeugt, dass wir einer Aufgabe im beruflichen oder persönlichen Bereich gewachsen sind; dass wir

in einer bestimmten Situation etwas gut gemacht haben und erfolgreich waren oder eine bevorstehende Herausforderung meistern werden.
• Selbstachtung empfinden wir, wenn wir uns besonders altruistisch, mutig, selbstlos, aufopfernd oder anderswie außergewöhnlich verhalten, vielleicht sogar gegen den Strom schwimmen, uns nicht unterkriegen lassen, allen Gegnern und Widerwärtigkeiten trotzen und aus einer bedrängten Lage ohne faule Kompromisse herausfinden.

In der Tat darf man sagen, dass jemand mit Selbstsicherheit, Selbstbewusstsein, Selbstvertrauen und Selbstachtung auch über ein gesundes Selbstwertgefühl verfügt. Dennoch stehen wir wieder am Ausgangspunkt: Auch diese Eigenschaften besitzen wir nur in dem Maß, in dem unser strenger innerer Richter sie uns zugesteht, und wir können sie ebenso wenig willentlich beeinflussen wie das Selbstwertgefühl an sich.

Auch sie gründen nämlich auf dem, was ich als *äußere Parameter* bezeichne: Tugenden, Fähigkeiten, Besitz, Leistung, Verhalten, Nützlichkeit und mehr. „Äußere" nenne ich sie deshalb, weil sie nicht auf ewig mit unserem Wesen verschmolzen sind, sondern gewissermaßen zeitweilig um unser wahres Ich herum „gebaut" sind – und teilweise erst durch die Bewertung von außen überhaupt einen Wert für uns darstellen. Wir können sie samt und sonders verlieren oder dazu gewinnen: Nicht einmal Charakterzüge wie Altruismus und Mut sind konstant, geschweige denn Eigenschaften wie die Schönheit und die Attraktivität oder Fähigkeiten und Besitz.

Stützen wir unser Selbstwertgefühl aber darauf, ist es nicht stabil: Da es auf Äußerem und Vergänglichem beruht, kann es auch von außen zerstört werden und vergehen. Wir alle wissen, wie wenig es mitunter braucht, damit wir kurz- oder längerfristig an Selbstwertgefühl einbüßen: eine Kritik, eine Erniedrigung, der Verlust des sozialen Status oder der Macht, eine Aufeinanderfolge von Rückschlägen, von Misserfolgen, oft schon nur das vermeintliche Vergehen der Schönheit oder Kraft beim Altern – und unser Selbstwertgefühl schwindet und schwindet und schwindet.

Natürlich steigt es dann wieder mit jedem Zuspruch, den wir bekommen, aber leider nicht im gleichen Verhältnis. Es scheint unlogisch, doch die negativen Bewertungen wiegen schwerer als die positiven. Eine Erklärung dafür ist, dass die Evolution uns dazu geführt hat, Negatives schneller und deutlicher zu erkennen und für zukünftige Situationen zu erinnern als Positives: Eine drohende Gefahr zu übersehen, kann nämlich tödlich sein, eine gute Gelegenheit zu verpassen, ist es in der Regel nicht. So fokussieren wir die Aufmerksamkeit auf das Negative, messen ihm mehr Bedeutung zu und es bleibt uns stärker im Gedächtnis haften. Kritik und Tadel nehmen wir daher ernster, sie schwächen unser Selbstwertgefühl stärker und nachhaltiger, als Anerkennung und Lob es aufbauen.

Halten wir zusammenfassend fest:
• Unser vermeintliches Selbstwertgefühl, das auf der früheren und/oder aktuellen Beurteilung der Mitmenschen und auf dem Urteil unseres inneren Richters beruht, ist falsch – es entspricht nicht unserem wahren Wert;
• das vermeintliche Selbstwertgefühl, das auf den äußeren Parametern beruht, ist nicht unerschütterlich und stabil – darauf ist kein Verlass, weshalb es uns nicht viel nützt.

2. Das wahre Selbstwertgefühl
Also nochmals die Frage: Woher sollen wir unser Selbstwertgefühl nehmen, wenn die bisher in Erwägung gezogenen Möglichkeiten nicht taugen?

Soll dein Selbstwertgefühl stark und konstant sein, unabhängig vom *Außen*, kann es nur aus dem *Innen* kommen.

Mein Selbstwert gründet ausschließlich darauf,
dass ich bin,
dass ich ein menschliches Wesen
mit einer wahrhaftigen Seele bin,
einzigartig in dieser Welt,
und als dieses einzigartige Wesen
meine ureigene Existenzberechtigung habe,
und zwar genau so, wie ich bin.
Das ist mein Wert: einfach, weil ich bin.

Du musst alles ausklammern, von dem du meinst, es beeinflusse deinen Wert: Schönheit, Gebrechen, Reichtum, Armut, Macht, Abhängigkeit, Bildung, Unwissenheit, gute und böse Taten, Nützlichkeit und Nutzlosigkeit, ...

Du bewertest dich ganz nackt. Alles, was um dieses nackte Mensch-Sein herum gebaut ist, also alle deine schlechten Eigenschaften, alle deine guten Eigenschaften, deine Fähigkeiten und deine Unvollkommenheiten, Besitz und Mangel, dein altruistisches und dein egoistisches Handeln machen deinen Wert weder größer noch geringer.

Auch können kein anderer Mensch, kein Ereignis und keine äußeren Umstände dir diesen Wert nehmen, sie vermögen ihn nicht zu vermindern und nicht zu erhöhen: *Du bist immer gleich wertvoll, zu jeder Zeit und unter allen Umständen. Und alle Menschen sind gleich viel wert.*

Das will ich näher erläutern, um dich gänzlich davon zu überzeugen, dass du wertvoll an sich bist.

Ich vergleiche das Leben auf der Erde gern mit einem großen Schauspiel. Wie jedes Theaterstück kann auch dieses auf der Bühne der Welt nur stattfinden, wenn es verschiedene Charaktere gibt, die im Zusammenwirken ihrer Gegensätze und im Zusammenspiel unzähliger Handlungsvariationen und -kombinationen ein interessantes, spannendes, unterhaltsames und lehrreiches Spektakel aufführen. Stell dir vor, es existierten nur „Könige" auf der Weltbühne, sieben oder mehr Milliarden. Jedes Individuum gleich schön, gleich intelligent, gleich hilfsbereit, gleich liebenswürdig, gleich altruistisch, gleich ehrlich, gleich reich, gleich mächtig, ... Jeder Mensch gleich wie alle anderen, lauter eineiige Mehrlinge, oder Klone. Möglicherweise wäre es das optimale Design für immerwährenden Frieden – aber zugleich unendlich langweilig und, schlimmer noch, sinnlos. Welche Ziele, Herausforderungen, Chancen zur inneren Entwicklung könnten da noch bestehen?

Nein, es kann nicht nur Könige geben, es braucht auch Bettler. Es kann nicht nur Wohltäter geben, es braucht auch Bedürftige, sonst wäre der Wohltäter kein Wohltäter. Es braucht Hässliche, um Schönheit zu definieren, Faule, damit Fleiß sich abhebt, Lügner zur Auszeichnung der Aufrichtigen.

→ „Unterschiedliche Talente" Seite 40

Dabei ist kein Mensch ausschließlich „schlecht" oder „gut". In jedem gibt es gute und weniger gute – treffender: veränderungswürdige – Eigenschaften. Jeder ist der Spiegel des anderen, worin dieser sich selbst besser erkennt; jeder ist der Lehrer des anderen, um ihm in Teilen seines Ich als Vorbild und in Teilen als Abschreckung zu dienen. Somit ist jeder Einzelne unerlässlich und keiner überflüssig. Deshalb ist auch jeder wertvoll und niemand mehr oder weniger wert als ein anderer.

Bitte sprich jetzt Folgendes ein paarmal laut und mit Überzeugung und präge es dir ein:
 „Mein Selbstwert beruht einzig darauf, dass ich bin. Ich bin wertvoll. Egal was ich tue, egal wie ich bin: Ich bin wertvoll!"

Leave the shelter!

Einen jungen Muslim, der sein Heimatland zum ersten Mal verlassen hatte, um in der Schweiz zu studieren, begleitete ich während der Zeit der Eingewöhnung in unsere für ihn völlig fremde Kultur.

Nach wenigen Wochen stürzte er in eine schwere Krise: Er entdeckte, dass nicht alles „vom Teufel" ist, was wir hier in Europa tun, wie man ihn daheim gelehrt und gewahrnt hatte. So wusste er plötzlich nicht mehr, was richtig und was falsch ist, was gut und was böse, er fühlte sich, nach seinen eigenen Worten, schutzlos. Die Normen und Regeln, die ihm bei seiner islamischen Erziehung eingepflanzt worden waren (und er war nie ein Fundamentalist, im Gegenteil offen und tolerant!), taugten plötzlich nicht mehr. Und es fehlten die Familie, die wachsame Dorfgemeinschaft, die ihn daran gehindert hätten, etwas „Verbotenes" zu tun.

Er begann selbst zu entscheiden, was er tun oder lassen wollte – ohne die klaren Verhaltensregeln, die ihm vorher jede Eigenverantwortung abgenommen hatten. Es ging dabei wohlverstanden nicht um Existenzielles, sondern um alltägliche Dinge, wie mit den Kollegen Alkohol zu genießen oder die Gebetszeiten nicht mehr strikt einzuhalten, wenn er gerade mit anderem beschäftigt war.

Er nannte es „to leave the shelter": den geschützten Raum verlassen. Er tauschte die Sicherheit der Normen und Regeln, immer genau zu wissen, was man darf und was nicht, für einen freieren Willen ein. Das hat sein Leben erschwert, aber ebenfalls enorm bereichert.

Auch in unserer Kultur fühlen sich viele Menschen sicherer, wenn sie wissen, was sie dürfen und was nicht. Sogar solche, die nicht religiös leben, schätzen diesen Schutz durch Regeln – ich nenne dies allerdings Einengung. Was wurde uns als Kind doch eingetrichtert: Das darf man nicht! Das macht man nicht! Meine Mutter sagte mir solche Dinge noch, als ich längst erwachsen war. Ich erwiderte jeweils: „Wer ist *man*? Ich bin nicht man, ich bin ich!"

→ „Ich – man?" Seite 65

Viele Normen, Regeln und Konventionen unserer Gesellschaft sitzen tief in uns und geben uns Sicherheit. Nicht vor einem „strafenden" Gott, an den wir nicht (mehr) glauben. Aber die Sicherheit, uns so zu verhalten, dass wir innerhalb der Gemeinschaft akzeptiert und geschätzt werden. Das schränkt uns jedoch ein, in unserer inneren Entwicklung, in unserem Leben überhaupt, und hindert uns daran, zutiefst glücklich zu sein.

Kein Mensch ist gleich wie der andere, kein Mensch hat die gleiche Aufgabe wie der andere – das ist die wunderbare Vielfalt in dieser Welt. Haben wir also den Mut, wir selbst zu sein, vertrauen wir uns selbst – auch wenn wir dabei etwas tun, was *man* nicht tut.

Den äußeren und den inneren Verhaltenskodex prüfen

Gebote, Verbote, Normen und Regeln sind nicht sinnlos: Sie hindern das Individuum daran, sein Ego hemmungslos walten zu lassen, und ermöglichen erst das Zusammenleben in einer Familie, Sippe, Stadt, Nation – in jeder Gemeinschaft.

Wir müssen uns jedoch bewusst sein, dass alle diese Vorschriften zeit- und ortsabhängig sind und nicht einem für alle Ewigkeit und die ganze Welt gültigen, sakrosankten Gesetz entsprechen. Auch was wir als Ethik und Moral bezeichnen, ist nicht minder auf Region und Epoche begrenzt: So galten (und gelten) etwa die Blutrache und die Sippenhaft in gewissen Gegenden als legitim, gar als ehrbare Pflicht, während wir sie heute bei uns als barbarische Sitte verurteilen.

Deshalb dürfen und sollen wir die allgemein anerkannte Ethik und Moral hinterfragen, ebenso die in Kraft stehenden Gebote und Verbote, die ausgesprochenen oder stillschweigend festgeschriebenen Normen und Regeln unserer Gesellschaft; zudem eine ausgeprägte Aufmerksamkeit auf unseren inneren Verhaltenskodex richten, der in uns programmiert wurde.

Zwei banale Beispiele dazu, bei denen ich mich seit jeher wundere, dass kaum einer sich traut, gegen den Kodex zu verstoßen.

- Frauen dürfen anziehen, was ihnen Spaß macht und steht, sogar auf den höchsten Etagen von Politik und Wirtschaft. Bei Männern hingegen gehört sich ein Hemd, ein Anzug und eine Krawatte, selbst im Hochsommer.
- Ein Mann war früher entweder glatt rasiert oder hatte einen gepflegten Bart; der Dreitagebart galt bis vor Kurzem als liederlich und verwahrlost. Inzwischen tragen ihn CEOs und Spitzenpolitiker.

Unser einziger Gesetzgeber soll unsere Innere Stimme sein, die Stimme unserer Seele, die weiß, welches Verhalten im jeweiligen Augenblick für uns richtig ist.

Eine Aufgabe zu diesem Thema: Normen und Regeln, Gebote und Verbote kritisch prüfen.
- Du bist wachsam für alle expliziten und impliziten Normen, Regeln, Gebote, Verbote, denen du im Alltag begegnest. Du fragst dich, ob sie sinnvoll für dich sind; falls du das verneinst und in dir spürst, dass du anders handeln sollst, setzt du dich darüber hinweg, ohne Angst, verurteilt zu werden.
- Besonders achtsam bist du für Gedanken, die wiederkehrend in bestimmten Situationen aufkommen, und für Verhaltensmuster, die du automatisch ausführst; es geht dabei vor allem um die Prägungen „Das macht man nicht" und „Das gehört sich".
- Du handelst dabei aber stets eigenverantwortlich; auch Anstand und Rücksichtnahme sollen gewahrt bleiben. Und du bist dir bewusst: *Hinterfragen* bedeutet nicht zwangsläufig *verwerfen*. Es geht darum, dass du dein unbewusstes, von eingravierten Mustern und anerzogenen Normen geprägtes Verhalten in ein bewusstes verwandelst, um nicht länger automatisch, sondern willentlich zu handeln.

Beispiele:
- dich nicht nach der Mode kleiden, sondern wie es dir behagt, auch bunt und schrill und ohne Krawatte;
- barfuß durch den Park spazieren oder singen auf der Straße;
- am Sonntag Wäsche im Freien aufhängen;
- die Zähne abends nicht putzen, wenn du zu müde bist, oder morgens nicht duschen, wenn du keine Lust hast;
- den heißen Kaffee schlürfen, das Messer in den Mund nehmen;
- keine unterwürfige oder allzu ehrerbietige Haltung gegenüber vermeintlichen Respektspersonen (Bürgermeister, Generaldirektor, Pfarrer, Arzt, ...) – es sind alles nur Menschen;
- darum bitten, wenn du etwas möchtest – auch wenn es schon das zweite oder dritte Stück Kuchen ist;
- deine Teilnahme an einem Familienfest absagen, wenn dir nicht danach ist;
- und viele andere mehr.

Zum Schluss noch zwei treffende Zitate von Krishnamurti:

Man muss sich selbst ein Licht sein; dieses Licht ist das Gesetz. Alle anderen Gesetze sind Produkte des Denkens und daher fragmentarisch und widersprüchlich.

Aus: „Das Licht in dir"

Moralische Normen sind bloße Erfindungen der Gesellschaft, um das Individuum zu unterjochen.

Aus: „Vollkommene Freiheit"

Ein neues Ich entwerfen

Ich stelle dir hier eine Aufgabe, die dir bei der Wahrnehmung deines wahren Ich helfen kann. Geh die Punkte der Reihe nach durch, ohne einen zu überspringen, auch nicht mit der Absicht, ihn später zu bearbeiten; es ist entscheidend, dass du die Reihenfolge exakt einhältst. Trag jeweils deine wichtigsten guten Eigenschaften (Stärken) und schlechten Eigenschaften (Schwächen) ein, nicht mehr als zwei oder drei.

1. So sehe ich mich:

Stärken

Schwächen

2. So sehe ich mich, wenn ich Selbstzweifel und falsche Bescheidenheit weglasse:

Stärken

Schwächen

Betrachte die Unterschiede, falls vorhanden, zwischen den Punkten 1 und 2. Gibt es eine Diskrepanz zwischen ihnen, nimm dir jetzt gleich vor, dich in Zukunft realistisch, also ohne Selbstzweifel und ohne falsche Bescheidenheit zu betrachten.

3. So möchte ich sein:

Stärken

Schwächen *(ja, sie gehören auch dazu! Es handelt sich um die sogenannten schlechten Eigenschaften, die du an dir akzeptieren kannst.)*

4. So wollten/möchten mich meine Eltern haben *(oder der Partner, die Kinder, enge Freunde, ...):*

Stärken

Schwächen

Vergleiche die Punkte 3 und 4: Sind sie ähnlich oder gar identisch, das heißt, meinst du vielleicht so sein zu müssen, wie deine Bezugspersonen dich gern (gehabt) hätten? Wenn ja, denk darüber nach, ob du wirklich so sein möchtest, ob diese Eigenschaften tatsächlich zu deinem Wesen gehören. Dann mach weiter mit Punkt 5.

5. So akzeptiere ich mich – das entspricht exakt Punkt 2!
Schreib Punkt 2 einfach ab, lass nichts weg und füge nichts hinzu.

Stärken

Schwächen

Sag jetzt laut und mit Überzeugung (auch mehrmals): „Ich bin in jedem Augenblick richtig, wie ich bin, und genau so habe ich mich lieb."

6. Dieses Ideal-Ich ist realistisch *(im Sinn, dass du tatsächlich so werden kannst, wenn du dich ein bisschen darum bemühst; berücksichtige dabei deine Erkenntnisse nach den Punkten 3 und 4):*

An diesem Ideal-Ich kannst du liebevoll, geduldig, ohne Frustration oder Selbstvorwürfe arbeiten, um ihm näherzukommen – irgendwann; vergiss nie, dass die Zeit keine Rolle spielt, du hast ein Leben lang Zeit.

Unterschiedliche Talente

Jesus erzählte in einer Parabel (Matthäus 25,14 ff.), dass ein Mann seinen drei Knechten einen, zwei und fünf Talente* Silbergeld für eine Weile zum Verwalten gab – er verteilte sein Vermögen also ungleich. Wörtlich wird gesagt, der Mann habe seinen Knechten verschiedene Anteile gegeben „jedem nach seiner Fähigkeit". Als er von seiner Reise zurückkehrte, erwartete und verlangte er allerdings auch nicht, dass alle drei gleich viel aus ihrem Startkapital gemacht hatten.

Wir sind nicht alle gleich! Nicht gleich schön, stark, intelligent, einfühlsam und mehr. Wir dürfen einen Mangel an bestimmten Eigenschaften keinesfalls als Makel betrachten und schon gar nicht versuchen, ihn zu verheimlichen oder zu vertuschen. Stehen wir – vor uns selbst und vor den anderen – zu dem, was wir sind, hadern wir nicht, wenn wir nicht so groß, so stark, so schön, so intelligent sind wie gewisse Mitmenschen. Nehmen wir uns an, wie wir sind, mit unseren Stärken (die wir haben, auch wenn wir sie wegen unseres mangelnden Selbstwertgefühls nicht anerkennen) und unseren Schwächen – *so sollen wir sein, genau so und nicht anders.*

In der Parabel setzten zwei der Knechte ihre Talente ein und vermehrten sie, während der dritte sein Talent brachliegen ließ, was der Herr ihm vorwarf. Wir sollen unsere Talente, unser „Startkapital" nutzen, zweifellos, also tun, was unseren Fähigkeiten und unserer Kraft entspricht. Nicht weniger – aber auch nicht mehr.

Wir neigen hingegen dazu, uns zu „übertun" in unserem Bestreben, fremden Anforderungen zu genügen – oder all das zu bewältigen, was wir meinen, bewältigen zu müssen. Schaffen wir es nicht, plagt uns schlechtes Gewissen, die Empfindung, versagt zu haben. Oft entspringen diese jedoch einem falsch verstandenen Pflichtgefühl, noch öfter der Angst, die Anerkennung und Wertschätzung unserer Mitmenschen zu verlieren, wenn wir ihre (tatsächlichen oder vermeintlichen) Erwartungen nicht erfüllen.

→ „Hundert Prozent ist alles" Seite 74 f.

Machen wir uns doch zur Regel, stets das zu leisten, wozu wir imstande sind, was unseren Fähigkeiten, unseren Kräften und der uns zur Verfügung stehenden Zeit entsprechend möglich ist. Vergessen wir dabei jedoch nicht, dass wir auch Zeit für uns selbst brauchen, wir ein Recht darauf haben – Zeit für unsere eigenen Interessen, ebenso wie Zeit der Muße, und sei es nur, um faul herumzuliegen, einfach zu sein, ohne irgendetwas zu tun.

*Das Talent ist eine Maßeinheit aus biblischer Zeit; heute bezeichnet man damit vor allem die Begabung – sehr treffend hier die doppelte Wortbedeutung!

IV. Vom Selbstwertgefühl zur Selbstliebe

Die Grundlage unseres Selbstwertgefühls haben wir nun erkannt. Doch wie steht es mit der Selbstliebe? Ich nenne die beiden Eigenschaften mitunter im gleichen Atemzug, manchmal verwende ich sie synonym, aber: Entspricht unsere Selbstliebe tatsächlich unserem Selbstwertgefühl?

1. Ein Irrglaube: Liebe ist nicht gratis

Neben dem Wertesystem haben wir aus der Kindheit einen weiteren Irrglauben übernommen, der für die mangelnde Selbstliebe mit verantwortlich ist und das Verhalten prägt: Liebe bekommen wir nicht „einfach so".

Grundsätzlich lieben Eltern ihr Kind, unabhängig davon wie es ist und was es tut. Dennoch äußern sie Wohlgefallen und Zuneigung, verhält es sich ihren Erwartungen und Forderungen entsprechend, oder Verärgerung und Ablehnung bei gegenteiligem Verhalten. Das Kind nimmt wahr, dass die Eltern manchmal lieb und manchmal böse mit ihm sind, und setzt diese Reaktionen mit Geliebtwerden und Nichtgeliebtwerden gleich. Viele von uns kennen auch Sprüche in der Art von: „Wenn du so ungehorsam bist, hat die Mama dich nicht mehr lieb." Außer durch verbale Missbilligung wird dem Kind auf vielfältige Weise vermittelt, es werde weniger geliebt, handelt es nicht wie gefordert, nämlich durch Nichtbeachtung, Ausschluss aus der Gemeinschaft bis hin zu physischer und psychischer Gewalt. Umgekehrt, wenn es brav und gehorsam ist, zeigt man ihm die Liebe, indem man es belohnt und ihm Zuwendung schenkt.

In uns prägt sich der fatale Glaube ein, dass wir uns die Liebe der Mitmenschen *verdienen müssen* – und sie uns verdienen *können*. Auch als Erwachsene werden wir in dieser Überzeugung leider weiterhin bestärkt und gehen deshalb ein Leben lang nach diesem Prinzip vor. Verhaltensmuster, die darauf abzielen, anderen zu gefallen und zu willen zu sein, sitzen in uns fest wie eine Software. Sobald wir uns in einer entsprechenden Situation befinden, beispielsweise wenn jemand etwas von uns erwartet oder uns

→ „Süchtig nach Liebe" Seite 45

dazu auffordert, läuft das Programm automatisch ab, als hätte man auf einen Knopf gedrückt. Wir haben keine Entscheidungsfreiheit mehr, sondern funktionieren wie Roboter und handeln in der uns vertrauten Weise, mit der wir uns die Liebe der Mitmenschen sichern wollen.

So ist es nur naheliegend, wenn wir meinen, auch unsere eigene Liebe verdienen zu müssen. Wie? Indem wir die Erwartungen, die wir an uns selbst stellen, erfüllen. Diese – nämlich dem Ideal-Ich zu entsprechen – sind jedoch so hoch gesteckt, dass wir unweigerlich daran scheitern. Deshalb fühlen wir uns wertlos und schlecht und meinen, unsere eigene Liebe stehe uns nicht zu. Somit kann die eingangs gestellte Frage mit Ja beantwortet werden: Nur wer sich selbst für wertvoll hält und dadurch ein starkes Selbstwertgefühl besitzt, liebt sich selbst; wer sich gering schätzt, kann sich nicht lieben.

2. Liebe *ist* gratis!

Im letzten Kapitel hast du allerdings erkannt, dass du jederzeit und unter allen Umständen wertvoll bist. Deshalb darfst du, musst du dich selbst lieben.

Über diese Einsicht „Ich bin wertvoll = Ich liebe mich" hinaus kann dir eine weitere zu mehr Selbstliebe verhelfen. Obwohl du in deiner Kindheit vermutlich auch gelernt hast, dir die Liebe deiner Bezugspersonen zu verdienen, und in den bisherigen Liebesbeziehungen als Erwachsener möglicherweise ebenfalls erfahren musstest, dass die Menschen ihre Liebe, zumindest teilweise, daran knüpfen, ob du ihre Erwartungen erfüllst und dich damit ihrer Zuneigung würdig erweist, ist dir theoretisch bestimmt klar, dass *wahre* Liebe keine Bedingungen kennt.

→ Auf die bedingungslose Liebe als Weg zur Selbstliebe gehe ich näher ein in meinem Buch „Ich liebe mich selbst 2"; Info siehe Seite 135

Den Ausdruck „bedingungslose Liebe" nehmen wir gern in den Mund, aber kaum jemand liebt andere auch nur annähernd so. Was ist denn genau darunter zu verstehen? Ich beschränke mich hier auf die extremste Charakteristik: Es genügt mir, den anderen zu lieben – ohne dass auch er mich liebt. Wenn mein Partner mich also beispielsweise verlässt, um mit einer anderen Frau zu leben, dann hat das keinen Einfluss auf meine Liebe für ihn, und es macht mich glücklich, ihn glücklich zu sehen.

Ich höre deinen Aufschrei, wie du das liest. Verständlich. Ich habe ja gesagt, dass ich die *extremste* Charakteristik der wahren Liebe beschreibe und dass kaum jemand dazu fähig ist. Ich auch nicht, das gebe ich gern zu. Selbst wenn wir es schaffen, keine Erwartungen an unseren Partner zu haben in der Art, er möge sich im Haushalt nützlicher machen oder sexuell aktiver sein, eine Bedingung stellt jeder an den geliebten Menschen: Die Liebe zu erwidern.

Dabei lasse ich es bewenden, es geht hier nicht um Erörterungen über die Liebe in einer Partnerschaft, was ja das Thema meines Buches über Paarbeziehungen ist. Es war mir nur wichtig aufzuzeigen, wie weit echte bedingungslose Liebe tatsächlich geht. Gestehen wir uns auch ruhig ein und zu, dass wir nicht in der Lage sind, andere Menschen so zu lieben, das gelingt nur Heiligen und Buddhas.

→ „Liebe ist kein Deal – Ein Weg zur glücklichen Paarbeziehung"; Info Seite 134

Aber: Könnten wir es nicht wenigstens bei uns selbst? In der Weise, wie ich wahre Selbstliebe definiere?

Mich selbst lieben bedeutet mich anzunehmen, wie ich bin. Ich liebe mich, ohne mir selbst Bedingungen dafür zu stellen, ohne Vorbehalte und ohne Einschränkungen.

Ob du ein sogenannt guter oder ein sogenannt schlechter Mensch bist, ob du fähig, unfähig, schön, hässlich, dick oder dünn, groß oder klein, reich oder arm bist, ob du etwas leistest oder untätig bist: Du sollst dich selbst lieben. Und zwar aus ganzem Herzen, heute und für immer. Für diese Liebe musst du nichts tun, du brauchst sie dir nicht zu verdienen. Selbstliebe ist gratis.

Darum sprich jetzt nochmals laut und mit Überzeugung und präge es dir ein:

„Ich bin wertvoll! Egal was ich tue, egal wie ich bin, ich bin wertvoll. Und ich darf mich uneingeschränkt selbst lieben, bedingungslos und vorbehaltlos, und in jedem Augenblick, immer. Ich liebe mich!"

Die Macht der Worte

Über die Wirkung der Aussagen unserer Bezugspersonen, die uns als Kind programmierten, hast du in den vorangehenden Kapiteln einiges lesen können.

An dieser Stelle will ich deine Aufmerksamkeit noch kurz auf den umgekehrten Aspekt lenken: Auch wir prägen durch unsere Worte die Mitmenschen, und zwar nicht nur die Kinder. Wenn wir unserem Partner immer wieder Vorwürfe machen (vor allem wegen Kleinigkeiten), vermitteln wir ihm nicht bald einmal das Gefühl, alles falsch zu machen und wertlos zu sein? Welch gewaltige Macht hat unser Wort, wenn wir über den neuen Chef, noch bevor er seine Stelle angetreten hat, alle möglichen negativen Mutmaßungen und Gerüchte verbreiten! Oder wie klein muss sich eine Verkäuferin vorkommen, wenn Kunden herablassend, unfreundlich, barsch mit ihr umgehen?

Was du nicht willst, das man dir tu', das füg auch keinem andern zu. Diese banale Weisheit dürfen wir uns in Bezug auf die Worte zu Herzen nehmen:
Wie du nicht willst, dass man mit dir und über dich spricht, so sprich auch du nicht zu anderen und über sie.

Seien wir achtsam: Was wir reden, wie wir es sagen. Es braucht doch nicht viel, um den Menschen respektvoll und mit etwas Sympathie zu begegnen.

Und falls du dich jetzt fragst, was das mit Selbstliebe zu tun hat und warum ich es in diesem Buch überhaupt erwähne: Die Art und Weise, wie wir mit Mitmenschen umgehen, entspricht der Art und Weise, wie wir mit uns selbst umgehen.

Wenn wir uns also anderen gegenüber unfreundlich, respektlos, lieblos verhalten, ist das ein Zeichen dafür, dass wir es auch mit uns selbst tun. Und nach dem Prinzip der Wechselwirkung gilt: Wenn wir lernen, alle Mitmenschen respektvoll und mitfühlend zu behandeln, lernen wir gleichzeitig, uns selbst in gleicher Weise zu behandeln.

Selbstverständlich sollen wir unseren Mitmenschen aber sagen, wenn sie sich unkorrekt verhalten haben, wenn wir uns durch sie verletzt oder aufgebracht fühlen – auch dem anderen zuliebe, der sich ja nur verbessern kann, wenn jemand ihn auf seine „Fehler" aufmerksam macht. Doch immer respektvoll und sachlich. Eine klare, unmissverständliche Bestimmtheit, auch eine etwas forschere Ausdrucksweise dürfen wir verwenden, aber sie soll nicht Wut, Rache, Bosheit, Erniedrigung enthalten. Über allem haben stets der Respekt und die Empathie zu stehen.

Süchtig nach Liebe

In meinem Umfeld ist mir schon einige Male vor Augen geführt worden, wie Beziehungen daran zerbrechen, weil einer der beiden Partner fremdgeht. Neben anderen Gründen für dieses Verhalten liegt einer in der mangelnden Selbstliebe. Denn wer sich selbst nicht liebt, muss sich lieben lassen und sucht sich dazu immer neue Gelegenheiten.

Warum kommt es aber auch vor, dass jemand seinen Partner betrügt, obwohl er von ihm über alles geliebt wird? Genügt ihm denn diese Liebe nicht? Nein, sie genügt tatsächlich nicht. Vor allem Menschen, die als Kind von den Eltern oder anderen Bezugspersonen subjektiv nicht ausreichend Liebe erfahren und/oder gelernt haben, sich Liebe zu erkaufen, sind geradezu süchtig danach. Sie machen alles, um ein bisschen Liebe zu bekommen. Meistens sind sie sich dessen gar nicht bewusst.

Ist die Liebe des Partners nach der rosaroten Verliebtheitsphase zur Selbstverständlichkeit geworden, kommt der Hunger nach Liebe wieder auf; bietet sich eine Möglichkeit, wird er gestillt. Doch diese neue Liebe ist ebenfalls dazu verdammt, nach einer gewissen Zeit nicht mehr zu genügen, es folgt eine nächste und noch eine… Sogenannte Liebe wird regelrecht gesammelt – das Herz, der „Sammelbehälter", wird aber nie voll, egal wie viel Liebe man hineingibt.

Ein analoges Phänomen ist das aussichtslose Bemühen erwachsener Kinder, doch noch die Wertschätzung und/oder Liebe der Eltern/eines Elternteils zu bekommen, die ihnen bislang versagt geblieben ist. Bei einem Freund, Mitte 40, konnte ich es gut beobachten. Er hatte studiert und sich eine angesehene berufliche Stellung erarbeitet. Schließlich gründete er ein eigenes Unternehmen, das schon bald erfolgreich war und über hundert Mitarbeitende beschäftigte.

„Wieso kann mir mein Vater nicht sagen: 'Gut gemacht!' Wenigstens einmal!", meinte er niedergeschlagen an der Feier zum fünfjährigen Bestehen der Firma.

Sein Leben lang hatte er alles Mögliche versucht, um von seinem Vater ein lobendes Wort zu hören – vergeblich. Eigentlich wäre er gern Bildhauer geworden, er ist künstlerisch begabt; aber um seinem Vater nicht zu missfallen und in der Hoffnung, dieser könnte ihm irgendwann seine Liebe doch noch zeigen, schlug er seinen gleichen Weg ein und wurde Unternehmer.

Glücklich war er dabei nicht – und in seinem „Sammelbehälter", in den die Liebe seiner Frau und seiner Kinder reichlich floss, fehlte ihm immer die Liebe des Vaters.

V. Neuprogrammierung und die ersten Verhaltensänderungen

Halten wir nochmals die fundamentale Erkenntnis aus den vorangehenden Kapiteln fest, wir können es uns nicht oft genug wiederholen:
Ich bin wertvoll als menschliches Wesen, ich bin wertvoll an sich. Ich muss nichts dafür tun, nicht etwas Bestimmtes darstellen oder leisten. Ich bin wertvoll und ich bin es wert, mich selbst zu lieben.

→ „Fehler und Selbstverurteilung" Seite 54

„Du hast gut reden!", denkst du jetzt vielleicht. „Aber was, wenn ich schon mein ganzes Leben lang davon überzeugt bin, wertlos zu sein? Weil man es mir ständig zu verstehen gegeben hat... weil ich immer wieder Misserfolge erlitten habe... den Job verloren... vom Partner verlassen... weil ich bei anderen Menschen nicht gut ankomme... mich ungeliebt fühle... mich nicht wehren kann, wenn andere mich ausnutzen... mich hässlich und dumm finde... ängstlich, introvertiert, gehemmt bin... mich nicht traue, zu mir zu stehen... Soll ich mir jetzt einfach einreden, ich sei wertvoll, und mich deshalb lieben können?"

Genau! Genau das sollst du dir einreden.

→ Vergleiche Kapitel III.1

→ „Autosuggestion" Seite 53

Ich habe vorhin erläutert, wie wir als Kinder unfreiwillig geprägt wurden durch Aussagen, die man uns immer wieder an den Kopf warf und die wir verinnerlichten. Das Gleiche können wir mit uns selbst tun. Es handelt sich dabei um Autosuggestion. Indem wir uns bestimmte Glaubenssätze immer wieder vorsagen, gravieren wir sie in uns ein. Jede vorbestehende Prägung kann durch eine korrigierende, ändernde, ergänzende oder widersprechende überlagert und dadurch gelöscht werden. Es funktioniert wie bei einem Textdokument im Computer: Man schreibt über eine Passage, wodurch das Vorherige verschwindet und das Neue stehen bleibt.

Warfen die Eltern oder Lehrer uns beispielsweise ständig vor, ein Versager oder ein Angsthase zu sein, so können wir uns umprogrammieren, indem wir uns immer wieder versichern: „Ich bewältige meine Aufgaben bestens und bin erfolgreich" oder „Ich bin mutig."

Autosuggestion ist eine meiner beiden empfohlenen Maßnahmen, um Selbstwertgefühl und Selbstliebe aufzubauen und zu stärken. Wäre sie für sich allein ebenso wirksam wie einfach, würde das Selbstwertgefühl niemandem fehlen.

Doch ganz so simpel ist die menschliche Psyche nicht, es braucht mehr. Eingespielte Muster müssen wir in der Praxis bewusst loslassen, indem wir neue einüben, die sie ersetzen. Deshalb besteht meine zweite Maßnahme in der Verhaltensänderung in Alltagssituationen; darauf komme ich später ausführlich zurück.

Diese beiden Methoden wirken am besten in ihrer Kombination, also indem wir beide gleichzeitig praktizieren, denn sie ergänzen und unterstützen einander gegenseitig. Dabei spielt nämlich das Prinzip der Wechselwirkung: Je stärker du an deinen Wert glaubst und dich selbst liebst, desto häufiger traust du dich, im Alltag selbstbewusst und selbstsicher aufzutreten, und je selbstbewusster und selbstsicherer du dich fühlst und wirkst, desto leichter fällt es dir, dich davon zu überzeugen, dass du wertvoll bist.

Hier stelle ich dir nun zuerst die Methode der Autosuggestion vor, bei der du auf zwei Ebenen arbeiten kannst, der bewussten und der unbewussten.

1. Affirmationen
Ein wirksames Mittel, um auf der *unbewussten* Ebene unsere hinderlichen Muster zu löschen und neue, förderliche Prägungen zu verankern, sind die sogenannten Affirmationen (das lateinische *affirmatio* bedeutet Beteuerung, Versicherung).

Einige Affirmationen für Selbstwertgefühl und Selbstliebe
- Ich bin wertvoll und ich liebe mich selbst •
- Ich bin es wert, geliebt zu werden •
- Ich nehme mich an und liebe mich, wie ich bin •
- Mein Wesen ist voller guter Eigenschaften •
- Ich wage jetzt, ich selbst zu sein •
- Ich bin der wichtigste Mensch in meinem Leben •
- Ich fühle mich in mir selbst wohl und geborgen •
- Ich bin ein leuchtendes Wesen der Liebe für mich selbst •
- Mein Selbstwertgefühl ist stark und unerschütterlich •

Anleitung zur Arbeit mit Affirmationen
• Wähle von den oben stehenden Affirmationen eine aus, die dich anspricht. Du darfst den Satz im Wortlaut auch ändern, wenn andere Begriffe dir eher zusagen, oder eigene Affirmationen formulieren, wie: „Ich bin gut und erfolgreich". Beachte dabei unbedingt zwei Grundregeln:
– Bilde keine verneinten Sätze (Sätze, in denen *nicht, nie, kein* oder andere Verneinungen vorkommen) und keine mit Begriffen negativer Bedeutung. Sag also nicht: „Ich habe *keine Selbstzweifel* mehr" oder „Meine *Selbstzweifel* verschwinden". Sondern: „Ich bin selbstbewusst, selbstsicher". Negative Begriffe erwecken nämlich eine negative Emotion in dir, und das wirkt kontraproduktiv; Affirmationen sollen stets schöne, beglückende, positive Dinge aussagen.
– Die Affirmation muss den angestrebten Zustand in der Gegenwart und als Tatsache ausdrücken (nicht in der Zukunft oder als Wunsch). Sag also nicht: „Ich *werde/möchte* mich selbst lieben". Sondern: „Ich *liebe* mich selbst."
• Wiederhole am Abend unmittelbar vor dem Einschlafen die Affirmation zehn- bis zwanzigmal, am besten halblaut, damit sie auch über den Gehörsinn ins Unbewusste eingeht, langsam und monoton wie eine Litanei. Wenn du magst, fährst du in Gedanken damit fort, bis du einschläfst. Am Morgen, gleich nach dem Aufwachen, tust du das Gleiche.
• Du kannst die Affirmation auch tagsüber überall und jederzeit rezitieren, etwa bei einem Spaziergang, beim Autofahren oder während des Kochens.
• Die gewählte Affirmation behältst du über mehrere Wochen bis Monate bei; dann darfst du eine neue aussuchen.

Du wirst dir nicht von heute auf morgen einreden können, dass du wertvoll bist und dich liebst. Doch mit der Zeit – es mögen Wochen oder Monate vergehen – wird dein Unbewusstes den neuen „Glauben" speichern und dich dabei unterstützen, auch dein Verhalten zu ändern.

2. Sich selbst erinnern
Ist dir nicht auch schon passiert, dass du in einer schwierigen Lage einen hilfreichen Rat bekommen oder gelesen hast, den du wohl kanntest, der dir aber im Augenblick der

Not nicht in den Sinn gekommen war? Von meinen Kursteilnehmern habe ich es oft gehört: „Einiges, was du heute erzählt hast, wusste ich schon. Aber man vergisst die eigene Weisheit immer wieder, vor allem in Situationen, in denen man sie bräuchte! Es tut gut, von Zeit zu Zeit daran erinnert zu werden."

Wir können uns auch selbst an wichtige Einsichten erinnern, noch besser, uns neue Einsichten so lange und so oft vor Augen führen, bis wir sie gänzlich verinnerlicht haben. Das ist Autosuggestion auf der *bewussten* Ebene.

In der nachstehenden Liste findest du eine Auswahl an Glaubenssätzen, die dir helfen können, deine negativen Prägungen zu überwinden. Lies sie und kreuze zwei oder drei an, die du für besonders treffend und nützlich für deinen Problembereich hältst; schau dir dabei auch nochmals an, was du im Fragebogen auf Seite 16 notiert hast. Selbstverständlich kannst du auch eigene, auf dich zugeschnittene Glaubenssätze kreieren.

Glaubenssätze für Selbstliebe
- Egal, wie ich bin und was ich tue: Ich fühle meine Würde als Mensch, ich gehe mit erhobenem Haupt.
- Ich erniedrige mich nicht selbst in Gedanken und Worten.
- Ich bin es wert, mir etwas zu gönnen – alles, was ich anderen auch gönnen würde.
- Jeder Mensch, jedes Lebewesen ist wertvoll an sich. Auch ich! Ich muss nichts dafür tun, nichts leisten, nichts darstellen. Ich bin wertvoll und ich liebe mich selbst.
- Ich vertraue mir selbst: Ich handle, wie ich es für richtig halte, und sage, was ich für richtig halte, ohne die Angst, jemanden zu verletzen oder zu enttäuschen und deswegen seine Liebe zu verlieren. Ich bin nicht für das Denken, Fühlen und Handeln anderer verantwortlich.
- Ich habe das Recht, in jeder Situation selbst über mein Leben zu entscheiden. Ich erlaube niemandem, sich einzumischen und/oder mich emotional zu erpressen.
- Ich lasse mir von niemandem Schuldgefühle einreden, auch nicht bei Aussagen wie „Du bist Schuld, dass…". Jeder ist für sein Leben selbst verantwortlich, ich lasse mich nicht zum Sündenbock machen.

- Ich bin nicht von der Liebe anderer abhängig – ich bin in mir selbst geborgen, ich liebe mich selbst und ich weiß, dass ich all die Liebe bekomme, die ich brauche.
- Ich bin verständnisvoll und versöhnlich mit mir selbst, ich stelle keine zu hohen Erwartungen an mich und verurteile mich nicht, wenn ich „Fehler" mache.
- Ich darf mich zeigen, wie ich bin; ich muss nicht perfekt sein. Das Urteil anderer berührt mich nicht.
- Ich stehe zu meinen „Fehlern", ich habe keine Angst, sie zuzugeben, vor mir selbst und vor anderen – aber ich verurteile mich nicht dafür und lasse mich dafür nicht verurteilen! Ich nehme mir nur emotionslos vor, es das nächste Mal besser zu machen.

Deine ausgewählten Glaubenssätze schreibst du jetzt auf ein großes Blatt Papier und bringst es irgendwo an, wo du es immer wieder einmal vor Augen hast. Ich selbst hatte meine Glaubenssätze seinerzeit auf einem A3-Blatt innen an der Toilettentür aufgehängt; so sah ich sie unweigerlich viele Male am Tag, und zwar in einem Moment, in welchem ich die Muße hatte, sie zu lesen.

Du kannst sie auch an einem Küchenschrank aufhängen, an der Wand gegenüber dem Bürotisch, in der Werkstatt oder über dem Fernseher – an jedem Ort, wo du sie täglich mehrmals oder über längere Zeit zu sehen bekommst. Lies sie, sooft du Gelegenheit hast, und präge sie dir ein.

Zusätzlich solltest du sie auf einen kleinen Zettel schreiben und diesen in der Brieftasche/Handtasche mit dir führen. Dann holst du ihn hervor und liest ihn, wenn du auf den Bus wartest, während einer kurzen Zugfahrt, falls du zu früh zu einer Verabredung eintriffst, bei jeder sich dir bietenden Gelegenheit.

Diese Glaubenssätze sind ebenfalls nützlich, wenn du in eine konkrete Situation gerätst, in welcher dein Selbstwertgefühl dich im Stich zu lassen droht; dann kannst du sie dir in Erinnerung rufen und dich aus der Umklammerung negativer Gedanken und Empfindungen lösen.

Die meisten Aussagen bedürfen keiner Erläuterung. Nur auf zwei will ich näher eingehen, weil du mit einer kleinen Verhaltensänderung eine große Wirkung erzielen kannst.

3. Zwei einfache, wirksame Verhaltensänderungen

Die erste Verhaltensänderung betrifft den Glaubenssatz, der meine Liste anführt:

Egal, wie ich bin und was ich tue: Ich fühle meine Würde als Mensch, ich gehe mit erhobenem Haupt.

„Ich gehe mit erhobenem Haupt." Es ist dir wahrscheinlich bewusst und du hast bestimmt schon beobachtet, dass unsere innere Haltung sich in unserem Körper widerspiegelt: eingezogene Schultern, herabhängender Kopf, Sorgenfurchen auf der Stirn, zusammengepresste Lippen, oder lächelnde Augen, aufrechter Gang, entspanntes Gesicht. Solche äußeren Merkmale verraten die momentane Stimmung oder gar Wesenszüge eines Menschen.

Was weniger bekannt ist: Es gibt dabei eine Wechselwirkung. Wir können durch unsere Körperhaltung und unseren Gesichtsausdruck unsere innere Haltung beeinflussen, längerfristig ebenso wie in Bezug auf das aktuelle Befinden. Wenn du gebückt gehst oder zusammengefallen sitzt, zu Boden schaust, ein ernstes, trauriges Gesicht machst, dann fühlst du dich auch so. Und wenn dies deine vorwiegende Haltung ist, wird sie irgendwann zu deiner gewohnten werden, zur äußeren und zur inneren.

Also ermahne dich immer wieder, aufrecht zu gehen, stolz, selbstbewusst – auch wenn dir nicht danach zumute ist! –, und den Blick geradeaus zu richten, nicht nach unten.

Du kannst die Wirksamkeit dieser Maßnahme leicht überprüfen. Befindest du dich einmal in einer bedrückten oder traurigen Stimmung, dann glätte deine Gesichtszüge, lege ein Lächeln auf die Lippen und wende den Blick nach oben. Du wirst staunen, wie schnell du dich besser fühlst!

Die andere Verhaltensänderung, mit der du ebenfalls sofort beginnen kannst, bezieht sich auf unsere Programmierung. Es geht um den zweiten Glaubenssatz der Liste:

Ich erniedrige mich nicht selbst in Gedanken und Worten.

Wie spontan und unbedacht sagen wir doch jeweils über uns selbst, wenn uns etwas misslingt, wir einen Fehler machen, auch bei banalen Missgeschicken: „Ich bin so doof!"; „Mensch, bin ich blöd!"; „Ich Idiot, ich lerne das nie!" und viele ähnliche Sprüche.

Ich erinnere nochmals an die Programmierung, die wir durch unsere Mitmenschen erfuhren, indem sie uns immer und immer wieder mit Worten abwerteten. Nichts anderes tust aber auch du mit dir selbst, wenn du dir sagst, welch ein Idiot du bist; das prägt sich genauso in dein Unbewusstes ein. Dazu ein treffendes Zitat aus dem Talmud:

Achte auf deine Gedanken,
denn sie werden Worte.
Achte auf deine Worte,
denn sie werden Handlungen.
Achte auf deine Handlungen,
denn sie werden Gewohnheiten.
Achte auf deine Gewohnheiten,
denn sie werden dein Charakter.
Achte auf deinen Charakter,
denn er wird dein Schicksal.

Sei daher äußerst wachsam, wie du über dich denkst und sprichst. Alle negativen Gedanken und Aussagen über dich selbst solltest du aus deinem Sprachgebrauch verbannen. Ab sofort und für immer. So verhinderst du wirksam, dass eine eventuell vorhandene Prägung aufgefrischt und verstärkt wird oder sich eine neue schädliche einnistet.

Damit stecken wir nun schon mitten in den Verhaltensänderungen. Wie ich weiter oben sagte, genügt es nicht uns einzureden, wir seien wertvoll. Und unser ganzes Wissen, all unsere Erkenntnisse nützen uns nicht viel, wenn wir sie nicht zu einem Teil von uns selbst machen und sie leben. Die Stärkung des Selbstwertgefühls und der Selbstliebe ist ein langer Prozess, wir müssen diese Eigenschaften durch bewusstes Verhalten im Alltag einüben; nur so lassen sich alte Muster definitiv überwinden und neue nachhaltig als Standardmuster eingravieren. Davon handeln die nächsten beiden Kapitel.

Autosuggestion

Als ich noch ein Kind war, vielleicht zwölf oder dreizehn, brachte mein Vater eines Abends eine Schallplatte nach Hause, die er uns nach dem Essen vorspielte. Zu meiner großen Enttäuschung war nichts anderes zu hören als eine monotone Männerstimme, die ein ums andere Mal wiederholte: „Es geht mir mit jedem Tag in jeder Hinsicht immer besser und besser!"

Ich hörte mir die Platte auf Empfehlung meines Vaters einige Tage lang jeden Abend an, bis es mir verleidete. Ich wusste damals allerdings nicht, dass dies meine erste Begegnung mit der Autosuggestion war, und fand erst viele Jahre später in der Form von Affirmationen zu dieser Technik zurück.

Der berühmte Satz „Es geht mir mit jedem Tag in jeder Hinsicht immer besser und besser!" stammt von Emile Coué (1857-1926), einem französischen Apotheker, der als Begründer der modernen Autosuggestion gilt.

Er stellte fest, dass die von ihm verkauften Medikamente bei seinen Kunden besser wirkten, wenn er ihnen versicherte: „Mit dieser Arznei werden sie schnell gesund", als wenn er nichts dazu sagte.

Nach dieser Einsicht entwickelte er eine Methode der Autosuggestion, die er bei Vorträgen in Europa und den USA lehrte und in einem Buch veröffentlichte (La Maîtrise de soi-même par l'autosuggestion consciente). Sie beruht auf folgenden Erkenntnissen:

- Jeder Gedanke unseres Geistes versucht, sich zu verwirklichen, sofern ihm keine Naturgesetze entgegenstehen. Somit kann der Gedanke an Heilung die Heilung hervorrufen. Oder wir erreichen ein gestecktes Ziel leichter, wenn wir uns sagen, dass es einfach zu realisieren ist und wir es schaffen.
- Unser Unbewusstes bestimmt unseren körperlichen und mentalen Zustand; es ist stärker als unser bewusster Wille und es steuert alle Funktionen unseres Organismus und unseres Verstands. Besteht ein Konflikt zwischen dem Unbewussten und dem Willen, so siegt immer das Unbewusste. Deshalb müssen Unbewusstes und Wille zusammenarbeiten: Stimmen sie überein, summieren sich ihre Kräfte nicht nur, vielmehr potenzieren sie sich.
- Das Unbewusste können wir durch gezielte Autosuggestion beeinflussen.

Fehler* und Selbstverurteilung

„Wie soll man sich selbst lieben, wenn man ein Leben lang immer alles falsch gemacht hat?" Diese oder eine ähnliche Frage wurde mir in meinen Kursen und auf meinen Websites immer wieder gestellt. Sie entstammt einer unserer selbstzerstörerischen Untugenden: Wir sehen unsere Fehler stets als unsterbliche Monster, die uns ein Leben lang begleiten und sich in unseren Gedanken, manchmal auch in den Träumen manifestieren.

Laut Gesetz darf niemand für die gleiche Straftat mehr als einmal vor Gericht gestellt werden. Doch wir verurteilen uns 100- und 1000-mal für den gleichen Fehler: Der innere Richter richtet immer wieder. Wir fühlen uns schuldig, unwürdig, unfähig und dadurch wertlos, und wir bestrafen uns stets von Neuem mit Selbstverachtung, Selbstablehnung und Liebesentzug.

Das Prinzip von Strafe und Sühne steckt tief in uns allen, es wird bei uns ja von frühester Kindheit an praktiziert, und es gehört darüber hinaus zu unserem kollektiven Erbe. Nichtsdestotrotz muss es nicht richtig und sinnvoll sein.

Es ist wichtig, unser Verhalten objektiv anzuschauen und selbstkritisch (nicht verurteilend!) zu bewerten. Nur so lernen wir und entwickeln uns weiter. Doch wir sollten uns *nie* Vorwürfe machen, uns *nie* selbst dafür bestrafen, in keiner Art und Weise. Wir handeln doch immer so, wie wir es können, wie wir gerade dazu fähig sind. Bedenken wir dabei stets, dass es einfach ist, nachdem wir die Konsequenzen des Handelns erfahren haben, *im Rückblick* zu wissen, was richtig(er) gewesen wäre. Doch dieses Wissen besaßen wir im damaligen Zeitpunkt nicht.

Ziehen wir täglich einen Schlussstrich, was auch immer gewesen sein mag. Jeden Morgen stehen wir als neue Menschen auf, der Tag liegt vor uns: Damit wir Erfahrungen sammeln und lernen. Lassen wir nicht zu, dass die Fehler von gestern noch heute auf uns lasten.

→ Die innere Entwicklung in der Schule des Lebens ist das Thema meines Buches „Der Sinn des Lebens und die Lebensschule"; Info Seite 139.

* Der Begriff „Fehler" ist streng genommen nicht richtig. Ich verwende ihn, weil er nun einmal dem allgemeinen Sprachgebrauch entspricht und jeder versteht, was damit gemeint ist. In Wirklichkeit gibt es keine Fehler, nur Erfahrungen. Das Leben ist nämlich unsere Schule, in der wir lernen, um uns weiterzuentwickeln. Selbst wenn wir die gleiche Erfahrung immer und immer wieder machen müssen, weil wir die Lektion noch nicht verstanden haben: Dann sind wir eben einfach noch nicht so weit. Dafür können wir nichts. Oder sollten wir etwa einen Erstklässler verurteilen und bestrafen, weil er Gleichungen mit zwei Unbekannten noch nicht lösen kann, nachdem wir sie ihm x-mal erklärt haben?

Das Bedürfnis nach Anerkennung

Seit vielen Jahren bin ich ein regelmäßiger Gast in einem Fitness-Center. Ich mag das Training an den Maschinen, so ganz für mich allein, es hat etwas Meditatives und zwingt mich, ganz bei mir selbst zu sein, mich nur auf meine Muskeln zu konzentrieren und alle Gedanken loszulassen.

Doch natürlich schaffe ich das nicht immer und beobachte auch gern die anderen Trainierenden. Einige mit zu hoch angesetzten Gewichten verzerren ihr Gesicht vor lauter Schmerz und stöhnen offenkundig. Andere schauen ständig um sich, ob auch jemand bemerkt, wie stark sie sind. Einzelne erhöhen nach der Beendigung ihrer Übung sogar noch verstohlen das Gewicht, bevor sie die Maschine verlassen, um den nächsten damit zu beeindrucken.

Warum haben wir es nötig, anderen zu zeigen, wie stark, gut, schön, mutig wir sind? Weil wir unseren Selbstwert daraus beziehen, wie sie uns bewerten. Bemühen wir uns aber darum, so wollen wir uns immer von unserer besten Seite zeigen – oder gar so, wie wir gern wären, aber nicht sind. Diese Maske, die wir tragen, kostet uns viel Energie, denn wir spielen fortwährend eine Rolle und sind nicht wir selbst. Energie, die uns für unsere echten Aufgaben fehlt.

Es ist ungemein wichtig, dass wir dieses Bedürfnis nach positiver Fremdbewertung ablegen. Fangen wir damit an, nichts mehr vorzuspielen. Wenn wir etwas nicht können oder nicht wissen, geben wir es zu und versuchen nicht, es zu vertuschen. Wenn uns etwas auf der Zunge liegt, sagen wir es und überlegen nicht zuerst, wie es beim Gegenüber wohl ankommt. Wir ziehen nicht länger den Bauch ein, wenn wir an einem Straßencafé vorbeigehen. Und und und… Es gibt in unserem Alltag mehr als genug Übungsmöglichkeiten.

VI. Anzeichen mangelnder Selbstliebe

→ Siehe Seite 43

Meine Definition von Selbstliebe, die ich im letzten Kapitel gegeben habe, nützt uns für den Alltag in dieser Form nicht viel. Was bedeutet es denn konkret, dich selbst zu lieben? Wie fühlt sich bedingungslose, uneingeschränkte, vorbehaltlose Selbstliebe an? Wie kannst du sie aufbauen, stärken oder überhaupt erlernen?

Lieben wir einen anderen Menschen, so spüren wir es: Schmetterlinge im Bauch, ein Gefühl von Wärme im Herzen, von Innigkeit, Vertrautheit. Und schließlich wissen wir es doch einfach, wenn wir jemanden lieben. Nicht so bei uns selbst. Unsere Selbstliebe fühlen wir in der Regel nicht; wir erahnen sie vielleicht anhand einer tiefen Zufriedenheit ohne äußeren Anlass, wenn die Welt für uns in Ordnung ist, wir eins mit uns selbst sind, beim Fehlen von inneren Konflikten und Zerrissenheit, wenn Frieden, Wohlbefinden, Zuversicht uns durchströmen. Es gibt also Anzeichen dafür, doch sie sind vage, weshalb wir sie nicht ohne Weiteres mit Selbstliebe in Verbindung bringen. Und selbst wenn, sind sie zu unspezifisch, als dass wir anhand solcher Merkmale eine feste, konstante Selbstliebe aufbauen und/oder stärken könnten.

Um das Ausmaß unserer Selbstliebe oder, umgekehrt, den Mangel an Selbstliebe festzustellen, brauchen wir konkretere Symptome, und zwar solche, die wir, nachdem wir sie erkannt haben, auch „behandeln" können. Sie beruhen im Wesentlichen auf den beiden folgenden Erkenntnissen zum urmenschlichen Bedürfnis nach Liebe:

• *Je weniger wir uns die ersehnte Liebe und Wertschätzung selbst schenken, desto mehr sind wir darauf angewiesen, ja davon abhängig, sie von anderen zu bekommen.*

• *Die Angst, nicht geliebt oder abgelehnt, zurückgewiesen, ausgegrenzt zu werden, ist eine unserer größten Ängste.*

Manche unserer Verhaltensweisen hängen mittelbar oder unmittelbar mit der Sehnsucht nach Zuwendung, Liebe und Anerkennung beziehungsweise mit der Angst, diese nicht zu bekommen oder wieder zu verlieren, zusammen. Analysieren wir unser Verhalten im zwischenmenschlichen Bereich, so verrät es uns recht anschaulich, wie es um unser Selbstwertgefühl und unsere Selbstliebe steht. Und dieses Verhalten können wir anschließend ändern: Wir heilen alle Symptome und besiegen dadurch die Krankheit „Mangel an Selbstliebe".

Ich habe eine ganze Reihe solch typischer Verhaltensweisen zusammengestellt und in sechs Kategorien eingeteilt. Auf den folgenden Seiten erläutere ich sie. Bevor du meine Kommentare liest, solange du also noch davon unbeeinflusst bist, bitte ich dich, den Fragenkatalog auf den nächsten drei Seiten auszufüllen – mit Bleistift, damit du später eventuell noch Änderungen anbringen kannst.

Sei ehrlich mit dir selbst – aber ohne zu werten oder dich zu verurteilen! – und setze dein Kreuz jeweils an einer beliebigen Position zwischen *nie* und *oft*.

Es versteht sich, dass die Liste nicht abschließend ist und dass es für deine Antworten keine Noten oder Punkte gibt. Die erste Voraussetzung für die Selbstliebe ist ja, uns selbst so anzunehmen und zu lieben, wie wir sind. Egal wie wir sind, egal wie viele sogenannte „Fehler" wir haben.

Verhaltensweise	nie			oft

1. Kategorie

	nie			oft
Fühle ich mich schlecht, wenn ich einen sogenannten Misserfolg erleide (beruflich oder persönlich)?				
Bin ich perfektionistisch?				
Erwarte ich (zu) viel von mir?				
Verurteile ich mich, wenn ich meine Pflichten nicht erfülle?				
Kommt es vor, dass ich mir keine Pausen, keine Auszeiten gönne, solange es noch etwas zu erledigen gibt?				
Vergleiche ich mich (Leistungen, Eigenschaften) mit anderen?				
Fühle ich mich gewissen Menschen unterlegen?				
Kann ich Lob nicht oder nur schwer annehmen?				
Finde ich mich hässlich/langweilig/dumm/…?				
Zögere ich Aufgaben hinaus, weil ich sie mir nicht zutraue?				
Zweifle ich an der Liebe/Zuwendung/Wertschätzung meines Partners/eines Freundes?				
Bin ich neidisch, wenn jemand sich positiv über andere Frauen/Männer äußert?				

2. Kategorie

	nie			oft
Handle ich nicht so, wie ich es möchte, aus Angst, jemanden zu enttäuschen oder seine Anerkennung zu verlieren?				
Traue ich mich nicht, Nein zu sagen, aus Angst, jemanden zu enttäuschen?				
Versuche ich, gemachte Fehler zu verheimlichen?				
Wenn ich etwas gesagt oder getan habe, das einem Mitmenschen nicht gefällt oder ihn verärgert, mache ich mir dann Vorwürfe oder habe Schuldgefühle?				
Gehe ich Konflikten aus dem Weg?				
Traue ich mich nicht, eine Reklamation oder Kritik anzubringen?				
Schäme ich mich, wenn ich etwas nicht weiß/kann?				
Scheue ich mich, um Hilfe zu bitten?				
Lehne ich angebotene Hilfe ab, obwohl ich sie bräuchte?				
Scheue ich mich, Fragen zu stellen oder Kommentare abzugeben, weil ich mich nicht bloßstellen will?				

Verhaltensweise	nie	oft
Fühle ich mich schlecht oder schuldig, wenn jemand mich tadelt, verurteilt, angreift?		x x x
Fühle ich mich in gewissen Umgebungen oder mit bestimmten Menschen unsicher?		x x x
Bin ich in Gesellschaft gehemmt, blockiert?		x x x
Fühle ich mich unsicher, wenn ich nicht tadellos gekleidet, geschminkt, frisiert bin?		x x x
Zeige ich mich gut gelaunt und fröhlich, auch wenn mir nicht danach ist?		x x x
Bin ich Fremden gegenüber schüchtern?		x x x
Erkläre, begründe oder rechtfertige ich ungefragt meine Entscheidungen und Taten?		x x x
Lüge ich aus Angst?		x x x

2. Kategorie

Tue ich Dinge, die ich nicht tun möchte, um die Liebe eines Menschen nicht zu verlieren?		x x x
Lasse ich mich emotional erpressen („Wenn du mich liebst, dann tust du…"/„Du liebst mich nicht, wenn du nicht…")?		x x x
Lebe ich in Angst, einen geliebten Menschen zu verlieren?		x x x
Bin ich eifersüchtig?		x x x
Traue ich mich nicht, Nein zu sagen, aus Angst, die Zuneigung eines geliebten Menschen zu verlieren?		x x x
Wehre ich mich nicht gegen physische und/oder psychische Übergriffe aus Angst vor Liebesentzug?		x x x
Schweige ich wegen meiner Verlustangst bei Ungerechtigkeit, Tyrannei, Machtmissbrauch, …?		x x x

3. Kategorie

Gebe ich meinem Partner* zu verstehen, dass ich mich seinetwegen schlecht fühle?		x x x
Sage ich meinem Partner*, dass ich ihn brauche und/oder dass ich ohne ihn nicht leben kann?		x x x
Drohe ich meinem Partner*, mir etwas anzutun, wenn er mich verlässt?		x x x
Schmolle oder trotze ich, wenn mein Partner* mich zu wenig beachtet?		x x x
Versuche ich, meinem Partner* Schuldgefühle aufzuladen, u.a. indem ich auch alte Sünden erwähne?		x x x
Spiele ich gern den Märtyrer („Wegen dir habe ich darauf verzichtet", …)?		x x x

4. Kategorie

* Bei allen Fragen, in denen hier der Partner genannt ist, kann es auch um andere geliebte Menschen gehen, wie Eltern, Kinder, enge Freunde, …

	Verhaltensweise	nie – oft
4. Kategorie	Spiele ich gern das Opfer (Krankheit, aufgesetzte Leidensmiene, Seufzen, offenkundig „verheimlichtes" Weinen, ...), um Zuwendung zu bekommen?	x x x x x x x x
	Versuche ich, mir die Liebe meines Partners* zu erkaufen, indem ich seine Bedürfnisse befriedige (sexuelle Bedürfnisse, Anerkennung, materielle Unterstützung, Geschenke, ...)?	x x x x x x x x
	Betreibe ich Machtspielchen oder versuche ich, Machtkämpfe heraufzubeschwören?	x x x x x x x x
5. Kategorie	Fühle ich mich minderwertig oder nutzlos, wenn ich nicht gebraucht werde?	x x x x x x x x
	Missachte ich meine eigenen Bedürfnisse zugunsten anderer Menschen?	x x x x x x x x
	Suche ich mir immer wieder neue Aufgaben, z.B. in Vereinen und gemeinnützigen Organisationen, obwohl ich mit Beruf, Familie, Hobbys schon ausgelastet wäre?	x x x x x x x x
	Bin ich verärgert, enttäuscht oder fühle mich zurückgewiesen, wenn jemand meinen Rat nicht befolgt?	x x x x x x x x
	Bin ich beleidigt, frustriert oder verletzt, wenn jemand meine Hilfe nicht annimmt?	x x x x x x x x
	Bin ich enttäuscht, wenn meine Hilfe nicht gebührend gewürdigt oder verdankt wird?	x x x x x x x x
	Kann ich nicht Nein sagen, wenn jemand mich um Hilfe bittet?	x x x x x x x x
	Bin ich das, was man einen aufopfernden Menschen nennt?	x x x x x x x x
6. Kategorie	Bin ich überheblich oder besserwisserisch?	x x x x x x x x
	Reagiere ich auf Kritik abweisend oder sogar aggressiv?	x x x x x x x x
	Prahle oder übertreibe ich maßlos, wenn ich etwas über mich erzähle?	x x x x x x x x
	Berichte ich äußerst gern von dem, was ich gut kann, dass andere mich gelobt hätten, mich bewunderten?	x x x x x x x x
	Versuche ich mit meinen Aussagen, andere zu erniedrigen, zu demütigen, abzuwerten?	x x x x x x x x
	Empfinde ich Schadenfreude, wenn jemandem ein Missgeschick passiert oder es ihm schlecht geht?	x x x x x x x x

Nach dem Ausfüllen des Fragebogens waren meine Kursteilnehmer meistens ein bisschen deprimiert. Sie starrten jeweils auf ihr Blatt und sahen, wie viele Kreuze näher bei *oft* standen als auf der anderen Seite.

Kein Grund zur Entmutigung! Bis zu meinem vierzigsten Lebensjahr hätte ich selbst die allermeisten Kreuze ganz weit rechts bei *oft* gemacht. Und nein, es hat nicht Jahrzehnte gedauert, bis ich meine Selbstliebe gefunden habe. Es ist ein längerer Prozess, das will ich nicht leugnen, aber: Schon nach den ersten Schritten nehmen wir eine positive Veränderung wahr, was uns darin bestärkt weiterzufahren. Einen Weg, wie du konkret vorgehen kannst, zeige ich dir dann im nächsten Kapitel.

→ In meinem Buch „Ich liebe mich selbst 2" schlage ich zu fast allen Verhaltensweisen der Liste konkrete Übungen für den Alltag vor, um diese Verhaltensweisen abzulegen und neue einzuüben; Info siehe Seite 135.

Davor gehe ich jetzt auf die Verhaltensweisen der Liste ein und kommentiere sie kurz.

1. Kategorie: gnadenlose Eigenbewertung
Ich fühle mich schlecht, wenn ich einen sogenannten Misserfolg erleide (beruflich oder persönlich). • Ich bin perfektionistisch. • Ich erwarte (zu) viel von mir. • Ich verurteile mich, wenn ich meine Pflichten nicht erfülle. • Ich gönne mir keine Pausen, keine Auszeiten, solange es noch etwas zu erledigen gibt. • Ich vergleiche mich (Leistungen, Eigenschaften) mit anderen. • Gewissen Menschen fühle ich mich unterlegen. • Ich kann Lob nicht oder nur schwer annehmen. • Ich finde mich hässlich/langweilig/dumm/.... • Ich zögere Aufgaben hinaus, weil ich sie mir nicht zutraue. • Ich zweifle an der Liebe/Zuwendung/Wertschätzung meines Partners/eines Freundes • Ich bin neidisch, wenn jemand sich positiv über andere Frauen/Männer äußert.

Solche und ähnliche Verhaltensweisen deuten darauf hin, dass wir uns selbst streng bewerten und hohe Maßstäbe anlegen. Wir wollen vollkommen sein – wir meinen, es sein zu müssen. Wir sind uns selbst gegenüber allzu fordernd, wir auferlegen uns, immer perfekt zu funktionieren, wir glauben, uns keine Schwäche erlauben, nicht faul zurücklehnen und uns Ruhe und Muße gönnen zu dürfen.

Das rührt oft aus der Kindheit, wenn Eltern, Lehrer oder andere Bezugspersonen stets (zu) viel von uns erwarteten und wir ihren Ansprüchen nie genügten. Wir mochten uns noch so viel Mühe geben, irgend etwas auszusetzen fanden sie immer, und wir bekamen zu hören, dass aus uns nie etwas werde, dass wir dumm, unfähig, faul seien. Auch wurden wir selten oder nie gelobt, man zeigte uns nicht, dass man unsere Leistungen wahrnahm und anerkannte oder schätzte. Später, im Erwachsenenalter, kann sich diese prägende Erfahrung mit dem Chef, mit Freunden und weiterhin mit unseren Eltern fortsetzen.

In unserem Unbewussten hat sich folglich festgesetzt: Ich genüge nie. Das führt dazu, dass wir uns über die Maßen anstrengen, uns keine Ruhe gönnen, bevor wir nicht alles perfekt gemacht haben. Es führt ebenfalls dazu, dass wir unsere eigenen Leistungen nicht realistisch würdigen und wir denken, wir hätten noch mehr tun können, sollen, müssen. Wir sind mit uns selbst nie zufrieden. Wir versuchen stets, mehr als hundert Prozent zu leisten. Aber das geht nicht! Hundert Prozent ist ja das Maximum.

→ „Hundert Prozent ist alles" Seite 74 f.

Die Ausrichtung auf unser Ideal-Ich, der Vollkommenheits- und Unfehlbarkeitsanspruch an uns selbst, dem wir natürlich nie und nimmer genügen können, stellt ein großes Problem auf dem Weg zur Selbstliebe dar. Wir verurteilen uns für jeden vermeintlichen „Fehler", leiden unter Selbstzweifeln, machen uns Vorwürfe, halten uns für schlecht und wertlos – und lieben uns selbst nicht. Wie könnten wir denn jemanden lieben, der so unvollkommen ist?

Wie? Lieben wir etwa nicht andere Menschen, die ebenso unvollkommen sind? Doch. Denk einmal an jemanden, den du sehr lieb hast. Ist er vollkommen? Nein, natürlich nicht, er besitzt auch Schwächen. Du erkennst sie, ganz objektiv, zuweilen stößt du dich daran. Und trotzdem hast du diesen Menschen lieb. Aber für unsere eigenen Unzulänglichkeiten, die wir meistens massiv überbewerten, haben wir nur Verachtung übrig, in extremen Fällen bis hin zum Selbsthass. Das kann so weit führen, dass wir nicht in der Lage sind, Liebe und Wertschätzung anzunehmen. Wir glauben schlichtweg nicht, dass irgendjemand „so einen Menschen wie mich" liebt. Unsere fortwährenden Zweifel an der Liebe des Partners und anderer Menschen äußern sich unter anderem in Misstrauen („Was will er dafür?"), einem klettenartigen Anhängen („Ich darf ihn nicht loslassen, sonst verliere ich ihn") und in Eifersucht („Gewiss mag er einen anderen mehr als mich"), lauter Eigenschaften, die manch eine Partnerschaft und Freundschaft vergiften. Manchmal verunmöglicht diese Unfähigkeit, Liebe anzunehmen, sogar jegliches Eingehen einer tieferen Beziehung.

Tatsache ist hingegen, dass wir trotz oder – noch schöner gesagt – *mit* unseren „Fehlern" akzeptiert und geliebt werden. Vielleicht nicht von allen, bestimmt nicht von allen. Doch das ist ja auch nicht nötig.

Für ein starkes Selbstwertgefühl ist es wichtig uns einzugestehen, dass wir nicht perfekt sind, es nie sein werden, wie kein Mensch perfekt ist. Es gibt nun einmal Dinge, die wir nicht können, nicht wissen, nicht schaffen. Wir müssen es akzeptieren. Wir müssen uns lieben, so wie wir sind, *mit* unseren Schwächen. Und uns dabei objektiv sehen, so objektiv wie möglich; dabei auch sehen *wollen*, woran es uns mangelt und uns um Besserung bemühen. Selbstkritik in gesundem Maß, die ich lieber als Ehrlichkeit gegenüber sich selbst bezeichne, ist nämlich durchaus positiv. Jedoch nie verbunden mit Selbstvorwürfen, sie haben keine Existenzberechtigung. Wenn sie aufkommen, solltest du sie sofort von dir weisen. Sag dir: „Ich bin nicht vollkommen, kein Mensch ist es. Ich habe keinen Grund zu Selbstvorwürfen und zur Selbstverurteilung. Habe ich etwas getan, was nicht gut ist, etwas falsch gemacht, dann gestehe ich es mir ein, und anderen auch. Das nächste Mal bemühe ich mich, es besser zu machen."

→ „Verschiebe nicht auf morgen…" Seite 67

Das ist das Entscheidende: „Ich *bemühe* mich." Ob es dir dann gelingt oder nicht, vielleicht nicht auf Anhieb, erst beim zweiten, dritten, hundertsten Anlauf, spielt keine Rolle. Den Vorsatz fassen und sich bemühen ist schon genug. Mehr darfst du von dir selbst nicht erwarten – mehr kannst du doch nicht tun! Selbst wenn du einen „Fehler" einmal absichtlich gemacht hast, selbst wenn du einmal in vollem Bewusstsein „böse" warst. Ich kann es nur wiederholen: Du bist nicht vollkommen und du bist kein Heiliger. Wir alle befinden uns auf einem Weg der Entwicklung, und wir haben das Recht, „Fehler" zu machen, weil wir daraus lernen, Erkenntnisse gewinnen, uns bessern und den gleichen „Fehler" irgendwann nicht mehr machen. *Irgendwann*, wenn die Zeit für uns gekommen ist.

→ „Die Amsel und der Pfau" Seite 66

Aus diesem Grund sollen wir es auch vermeiden, uns mit anderen zu vergleichen: „X ist schöner, Y kann das besser als ich, ich bin dümmer als Z, ..." Alle diese wertenden Vergleiche mit anderen sind völlig sinnlos. Du bist in jedem Augenblick genau richtig, so wie du gerade bist. Und du darfst, sollst so sein, wie du bist. Erinnere dich immer an meine Erläuterungen zu den Königen und Bettlern: Jeder Mensch hat seinen eigenen Platz und seine eigene Aufgabe in dieser Welt. Keiner ist wichtiger als ein anderer, auf keinen kann verzichtet werden. Wir sind hier, um zu lernen, und jeder vollzieht seine ganz individuellen Schritte des inneren Wachstums, jeder hat seinen eigenen Marschplan.

Ich – man?

Das kleine Kind kennt das „Ich" noch nicht, erst etwa ab dem Alter von zwei Jahren lernt es, sich selbst als „ich" wahrzunehmen – und von da an nutzt es dieses neue Bewusstsein auch: „Ich will Schokolade!", „Ich will nicht ins Bett!" und tausend weitere „Ich will".

Eigenartig, dass Menschen dieses klare, starke „Ich" zuweilen wieder verlieren: Sie sprechen von sich selbst dann als „man", wechseln manchmal sogar innerhalb eines Satzes vom „Ich" zum „Man".

Dieses Phänomen können wir seit mehreren Jahren häufiger beobachten, wie mir scheint. Es ist zu einer Gewohnheit geworden, ja fast zu einer Mode. Dennoch kommt es nicht von ungefähr: „Man" bin eben nicht ich! Oft lässt sich diese Art der Formulierung so deuten, dass jemand sich scheut, gänzlich zu dem zu stehen, was er sagt. Hinter dem „Man" können wir uns verstecken und Schmerzhaftes, Unangenehmes, Beschämendes und mehr gewissermaßen unpersönlich ausdrücken, als wären nicht wir direkt betroffen; bei freudigen Ereignissen können wir damit falsche Bescheidenheit vortäuschen und unser Licht unter den Scheffel stellen. Einige Beispiele, die ich kürzlich gehört habe und die mir sofort aufgefallen sind:

- Eine Frau, die im Treppenhaus mit ihrer Nachbarin tratscht: „Die Frau X hat schon wieder einen neuen Freund, *ich* habe sie gestern Abend spät mit ihm nach Hause kommen sehen, und er ist die ganze Nacht geblieben. *Man* will ja nicht neugierig sein, aber die waren so laut, es war nicht zu überhören!"
- Ein Mann, dessen Haus von einem Hochwasser schwer beschädigt wurde, zu einem Fernsehreporter: „Es ging alles so schnell, meine Frau und ich konnten uns gerade noch in Sicherheit bringen. Und jetzt sehe *ich* den Schaden, das Haus ist unbewohnbar. Von einem Tag auf den anderen hat *man* alles verloren."
- Ein Sportler, der gerade eine Goldmedaille gewonnen hat: „*Ich* war heute wirklich in Form, es war mein Tag! Ja, da freut *man* sich schon!"

Achte einmal darauf, es ist interessant zu sehen, bei welchen Gelegenheiten und welchen Aussagen die Menschen zu dieser unpersönlichen, verallgemeinernden Form greifen.

Sei besonders wachsam bei dir selbst und denk immer daran: *Du bist du, nicht man,* und du stehst zu dem, was du sagst, du hast keine Angst, deine Meinung zu äußern und deine Empfindungen zu zeigen. Du stehst zu dir selbst.

Die Amsel und der Pfau

Wie fühlt sich wohl eine Amsel, die sich mit einem Pfau vergleicht? „Er hat ein wunderbares Federkleid mit diesem schillernden Blau und Grün! Ich dagegen bin so unscheinbar schwarz."

Und was denkt der Pfau, der sich mit der Amsel vergleicht? „Welch melodiöse Stimme, himmlisch! Ich schäme mich für meinen schrillen Schrei."

Wir neigen dazu, uns mit anderen zu vergleichen, sei es in Bezug auf einzelne Eigenschaften, sei es als Ganzes. Kein Wunder! Wie oft wurde uns als Kind doch gesagt, die Schwester sei braver, der Bruder besser in der Schule? Selbst als Erwachsene werden wir immer wieder mit Mitmenschen verglichen, mit Arbeitskollegen, Freunden, Familienmitgliedern. Und auch mit uns selbst, wie wir einst waren.

Die Vergleiche mit dem „Besseren", die wir selber anstellen, sind Gift für unser Selbstwertgefühl. Unnötig zu sagen, dass es immer jemanden geben wird, bei dem eine gute Eigenschaft ausgeprägter ist als bei uns. Das Umgekehrte machen wir etwas seltener: jemand zum Vergleich heranziehen, der weniger „gut" ist als wir. Und auch das sollten wir nicht tun, selbst wenn wir uns dadurch für einen Moment besser fühlen. Ein Selbstwertgefühl, das auf einer solchen Bewertungsskala beruht, steht auf wackligem Fundament.

Generell sollten wir Menschen nicht bewerten. Denn alle Menschen sind gleich wertvoll, unabhängig von ihren Eigenschaften. Beurteilen können wir eine Tat – ohne dieses Urteil auf den Menschen selbst zu übertragen. Dabei verzichten wir auf alle Fälle darauf, die Tat von X mit der unsrigen zu vergleichen.

Denken wir immer daran, dass die Welt nicht nur aus schönen Pfauen oder melodiösen Amseln bestehen kann. Aber auch dass sie – bei all ihrer Vielfalt – als Ganzes trotzdem ärmer wäre, gäbe es einen der beiden Vögel nicht. Jeder von uns hat seinen Platz in der Welt. Keinen braucht es mehr als einen anderen, keiner ist wertvoller als ein anderer. Und keiner lässt sich mit einem anderen vergleichen oder durch einen anderen ersetzen, denn jeder ist einzigartig. Einzigartig wertvoll, weil er so ist, wie er gerade ist.

Verschiebe nicht auf morgen...

...was du heute kannst besorgen, sagt das Sprichwort. Oft ist es ein Zeichen von Unlust oder Faulheit, wenn wir zu erledigende Dinge vor uns herschieben.

Es kann aber auch ein Zeichen für mangelndes Selbstwertgefühl sein. Wir schieben etwas auf, weil wir es uns nicht zutrauen, weil wir Angst haben, es nicht richtig oder gut zu erledigen oder sogar daran zu scheitern. Nach dem Motto: Solange ich nichts mache, kann ich auch nichts falsch machen.

Manchmal schieben wir auch Arbeiten oder Pflichten auf, die gar nicht „nach außen" sichtbar werden, denn vor uns selbst wollen wir ebenso wenig als unfähig dastehen. Die Angst vor dem Misserfolg ist dabei meistens unbegründet und wir erleben, dass wir es können und schaffen, wenn wir es dann einmal anpacken.

Das Pendant dazu ist der Perfektionismus. Wenn wir eine Aufgabe gestellt bekommen, auch von uns selbst, arbeiten wir daran bis zum Umfallen, wir geben uns nie mit einem Ergebnis zufrieden, meinen immer, noch etwas mehr, etwas besser machen zu können. Dahinter verbirgt sich ebenfalls nur die Angst vor Kritik und Tadel – sei es seitens unserer Mitmenschen, sei es durch unseren inneren Richter.

Gegen diese Äußerung mangelnden Selbstwertgefühls gibt es ein relativ einfaches Mittel: Erledige immer sofort, was es zu erledigen gibt, und tue alles so gut, wie du es kannst. Dann brauchst du dir von niemandem – auch nicht von dir selbst – vorwerfen zu lassen, du hättest nicht dein Möglichstes getan, unabhängig davon, wie das Ergebnis ausfällt. Mehr kannst du doch einfach nicht leisten!

→ Vergleiche „Hundert Prozent ist alles" Seite 74 f.

2. Kategorie: Abhängigkeit von Fremdbewertung

Aus Angst, jemanden zu enttäuschen oder seine Anerkennung zu verlieren, handle ich nicht so, wie ich es möchte. • Aus Angst, jemanden zu enttäuschen, traue ich mich nicht, Nein zu sagen. • Ich versuche, gemachte Fehler zu verheimlichen. • Wenn ich etwas gesagt oder getan habe, das einem Mitmenschen nicht gefällt oder ihn verärgert, mache ich mir Vorwürfe oder habe Schuldgefühle. • Ich gehe Konflikten aus dem Weg. • Ich traue mich nicht, eine Reklamation oder Kritik anzubringen. • Ich schäme mich, wenn ich etwas nicht weiß/kann. • Ich scheue mich, um Hilfe zu bitten. • Ich lehne angebotene Hilfe ab, obwohl ich sie bräuchte. • Ich scheue mich, Fragen zu stellen oder Kommentare abzugeben, weil ich mich nicht bloßstellen will. • Wenn jemand mich tadelt, verurteilt, angreift, fühle ich mich schlecht oder schuldig. • In gewissen Umgebungen oder mit bestimmten Menschen fühle ich mich unsicher. • In Gesellschaft bin ich gehemmt, blockiert. • Ich fühle mich unsicher, wenn ich nicht tadellos gekleidet, geschminkt, frisiert bin. • Ich zeige mich gut gelaunt und fröhlich, auch wenn mir nicht danach ist. • Fremden gegenüber bin ich schüchtern. • Ich erkläre, begründe oder rechtfertige ungefragt meine Entscheidungen und Taten. • Ich lüge aus Angst.

→ „Das Bedürfnis nach Anerkennung" Seite 55

Wenn wir unser Selbstwertgefühl aus der Bewertung der Mitmenschen beziehen und glauben, ihre positive Beurteilung hänge von unseren guten Eigenschaften und unserem Wohlverhalten ab, handeln wir stets so, dass sie zufrieden mit uns sind. Wir wollen ihnen gefallen und bemühen uns um ihre Wertschätzung und Anerkennung; wir versuchen, sie nicht zu enttäuschen oder zu verärgern, und zeigen uns von der besten Seite; wir sind peinlichst darauf bedacht, nichts falsch zu machen und liebenswert, schön, intelligent, fröhlich zu erscheinen.

Das führt aber dazu, dass wir ständig Angst haben, etwas Dummes zu äußern oder uns blöd anzustellen, unsere Meinung zu sagen, Fragen oder Kommentare vorzubringen, nicht perfekt auszusehen, weshalb wir uns in Gesellschaft nicht besonders wohlfühlen, introvertiert, schüchtern, unsicher, gehemmt, blockiert sind. Wir versuchen stets, es allen recht zu machen und bei allen Liebkind zu sein. Logischerweise sind wir dadurch nie wirklich wir selbst, wir leben nicht unser wahres Leben.

Es ist uns zwar durchaus bewusst, dass wir es nie allen recht machen können. Es ist uns aber auch bewusst, dass gewisse Menschen, beispielsweise der Chef und Arbeitskollegen, aber auch Geschäftspartner, Nachbarn und andere, jemanden, der lieb, nett und nachgiebig ist, eher mögen. Deshalb ist es verständlich, dass wir uns in dieser Weise verhalten wollen, auch wenn wir wissen, dass wir in solchen Menschen nie wahre Freunde finden werden. In jedem Fall ist es schädlich für unsere psychische Gesundheit, uns zu verbiegen und nicht wir selbst zu sein, denn wir empfinden es als würdelos und leiden darunter.

Zudem trifft es nicht zu, dass man jemanden nicht mag, wenn er sich nicht immer nur angepasst und wie ein Fähnchen im Wind nach anderen richtet. Im Gegenteil. Oder achtest du etwa Menschen, die sich unterwürfig und anbiedernd verhalten? Schätzt du sie, bewunderst du sie, möchtest du sie zum Freund haben? Oder ziehst du nicht eher Menschen vor, die eigenständig ihren Weg gehen, selbst wenn sie Ecken und Kanten haben und zuweilen unbequem sind, dafür zu dem stehen, was sie sagen und tun – auch zu dem, was sie nicht wissen, nicht können, zu ihren „Fehlern" und Unzulänglichkeiten?

Nochmals: Du wirst es nie *allen* recht machen, es gibt immer jemand, der dich verurteilt – egal, was du tust. Also mach es wenigstens dir selbst recht! Und es werden sich immer Menschen finden, die dein Verhalten gutheißen, die dich akzeptieren, wie du gerade bist.

Eine weitere unserer Verhaltensweisen, um günstig beurteilt zu werden: Wir erklären uns ständig, rechtfertigen was wir sagen und tun. Selten geben wir ein Statement ab wie: „Morgen nehme ich mir frei." Punkt. Vielmehr erklären wir: „Ich habe in letzter Zeit viel gearbeitet, ich bin etwas erschöpft, ich brauche diesen freien Tag, und es trifft sich gut, weil mein Azubi morgen ohnehin nicht da ist, ich mich also nicht um ihn kümmern muss und und und…" Es liegt uns daran, dass die anderen verstehen, warum wir diese oder jene Meinung vertreten und in einer bestimmten

→ „Rechtfertigungen" Seite 73;
→ „Angst vor Verurteilung" Seite 75

Weise handeln. Wir denken nämlich, dass jemand, der unsere Motivation und die Hintergründe kennt und diese nachvollziehen kann, unser Verhalten und unsere Einstellung – also uns – akzeptiert und uns nicht dafür verurteilt.

→ „Gesichts-
verlust"
Seite 77

Dabei schrecken wir auch vor Lügen, die wir gern Notlügen nennen, nicht zurück, um etwas zu rechtfertigen, zu verharmlosen oder zu beschönigen. Wir bemühen beispielsweise Ausreden, um eine Verspätung zu begründen, einen Termin abzusagen, einen „Fehler" zu vertuschen oder eine Tat in ein besseres Licht zu rücken.

Das haben wir doch gar nicht nötig! Zugegeben, es kann ein Konflikt entstehen, wenn wir die Wahrheit sagen und dazu stehen, und Konflikte oder Kritik *sind* unangenehm. Aber: Wir brauchen uns auch nicht darauf einzulassen, wir haben das Recht zu sagen: „Ich will darüber nicht reden. Es ist meine Entscheidung, ich habe es für richtig befunden, ich habe es so und so gemacht und damit basta." Wir brauchen uns nicht zu erklären, wir müssen nicht darüber diskutieren. Ich weiß, es ist manchmal sehr schwer zu schweigen. Aber wir haben doch alle schon erfahren, dass wir mit

→ „Endlose
Diskussionen"
Seite 94 f.

endlosen Diskussionen, mit dem Erwidern der Gegenargumente, mit dem Erklären unseres Standpunkts vielfach – meistens – nichts erreichen. Wir tun es oft nur, um nicht als Verlierer dazustehen, vor den anderen und vor uns selbst.

Haben wir jedoch tatsächlich etwas Unkorrektes getan, dann müssen wir uns dazu bekennen: „Ja, ich habe einen Fehler gemacht." Wir können und sollen uns auch dafür entschuldigen, falls wir damit jemandem geschadet oder wehgetan haben.

In die Thematik der Abhängigkeit von Fremdbewertung gehört auch, dass wir uns versagen, jemanden um Hilfe zu bitten, wenn wir sie bräuchten, um keine Schwäche einzugestehen. Wir demonstrieren, dass wir alles selbst schaffen

→ „Unzumut-
bar?"
Seite 76

und können. Oft nehmen wir Hilfe nicht einmal an, wenn man sie uns anbietet. Dann wehren wir ganz überstürzt ab: „Nein, nein, es geht schon!" Lernen wir, um Hilfe zu bitten; denn lieben wir uns selbst, so wagen wir es, uns schwach und hilfsbedürftig und unvollkommen zu zeigen.

Es ist ein wichtiger Schritt auf dem Weg der Selbstliebe, zu unserem Wissen und Nichtwissen, Können und Nichtkönnen zu stehen, also zu uns selbst. Vergiss dabei nicht, dass du „Fehler" in den allermeisten Fällen ja nicht absichtlich machst, sondern einfach weil du es nicht besser kannst, nicht besser weißt. Auch weil du zu bestimmten Verhaltensweisen programmiert wurdest. Es trifft dich keine Schuld, und niemand hat das Recht, dir etwas vorzuwerfen. Lass deshalb niemals zu, dass andere dich verurteilen und angreifen. Du kannst sie zwar nicht daran hindern, es zu versuchen und dir mit Bosheit, Gemeinheit, Aggression zu begegnen. Ob es ihnen jedoch gelingt, dich dadurch zu verletzen, dein Selbstwertgefühl anzukratzen, liegt einzig und allein an dir.

Sag dir in solchen Fällen: „Es ist sein Problem, wie er sich verhält, mich berührt es nicht, ich bin unverwundbar, ich bin wertvoll, egal was andere von mir denken." Und nachdem du deinen Standpunkt *ein Mal* dargelegt hast, lässt du ihn mit seinen Vorwürfen einfach stehen, ohne dich weiterhin zu verteidigen oder zu erklären.

→ „Den Pfeil herausziehen" Seite 84 f.

Ist unsere Selbstliebe stark genug und sind wir uns unseres Wertes bewusst, dann kann uns nichts von außen verletzen – wir sind tatsächlich immun.

In diesem Zusammenhang jedoch noch einen Hinweis: Eine konstruktive Kritik soll uns immer willkommen sein, wir wollen schließlich lernen und uns verbessern. Wenn jemand dich auf etwas aufmerksam macht, schau es für dich an, denk darüber nach, ob die Aussage berechtigt ist oder nicht; wenn ja, nimm sie dankbar an als einen Hinweis, was du an dir ändern kannst.

Leider sind wir in dieser Beziehung nicht sehr hilfsbereit, wir sind zu wenig aufrichtig. Einerseits, weil wir Auseinandersetzungen scheuen, vor allem aber weil wir befürchten, andere könnten uns nicht mehr lieb haben, wenn wir eine Kritik, selbst eine berechtigte, vorbringen. Indem wir die Wahrheit aussprechen, helfen wir anderen jedoch. Was bedeutet Aufrichtigkeit im wahren Sinne des Wortes denn anderes als *das Aufrichten*? Verhelfen wir nämlich einem Mitmenschen zu Erkenntnissen, so fördern wir dadurch seine innere Entwicklung und erleichtern sein zukünftiges Leben; bildlich gesprochen *richten wir ihn auf* und machen aus ihm einen *aufrechten* Menschen.

Wie soll jemand sich verbessern, wenn niemand ihm je sagt, worin seine Unvollkommenheiten bestehen! Oft stoßen wir uns am Verhalten eines anderen, aber haben wir ihn denn je darauf aufmerksam gemacht und ihm seine „Fehler" vor Augen geführt? Und wie soll jemand lernen, mit schwierigen Situationen umzugehen, wenn wir ihm aus Angst, weil wir Konflikte scheuen oder ihm nicht wehtun wollen, keine Chance dazu geben?

Sei deshalb stets dankbar, wenn jemand den Mut beweist, dir in respektvoller, sachlicher Weise deine Unzulänglichkeiten aufzuzeigen, und empfinde es nie als persönliche Beleidigung, Entwertung oder Angriff auf dich. Und tue das Gleiche mit deinen Mitmenschen.

Rechtfertigungen

Bei einem meiner längeren Kurse, der einmal pro Woche stattfand, teilte ich jeweils am Ende des Abends die entsprechenden schriftlichen Unterlagen aus.

Nachdem wir uns umfassend dem Thema Selbstwertgefühl gewidmet hatten, fragte ich freundlich in die Runde: „Habt ihr die Blätter, die ich euch das letzte Mal gegeben habe, gelesen?"

Allenthalben beschämtes Kopfschütteln.

Ich gab mich verärgert, ja aufgebracht: „Warum nicht? Wozu mache ich mir denn die Mühe? Warum kommt ihr überhaupt in den Kurs, wenn ihr nicht mitarbeitet?"

Verunsicherte Blicke untereinander und in meine Richtung, dann wurden Rechtfertigungen gestammelt:

„Ich dachte... ich bewahre die Blätter einfach auf und hole sie hervor, wenn ich sie eines Tages brauche."

„Ich... ich wollte am Ende des Kurses alle zusammen lesen."

„Entschuldigung, ich hatte keine Zeit."

„Ich meinte... ich wusste nicht, dass wir sie sofort lesen müssen."

Ich lächelte und umarmte meine Kursteilnehmer innerlich: „Ihr braucht euch nicht zu rechtfertigen! Ihr seid keinem Menschen Rechenschaft darüber schuldig, was ihr tut und was ihr lasst. Dieses ständige Erklären, Begründen, Rechtfertigen – das tun wir, weil wir möchten, dass unsere Mitmenschen uns Verständnis entgegenbringen und uns nicht verurteilen für das, was wir tun, uns also akzeptieren und anerkennen... uns lieben. Das ist ein Zeichen unserer mangelnden Selbstliebe. Steht zu euch selbst, zu dem, was ihr denkt und tut! Kümmert euch nicht darum, was eure Umgebung davon hält, auch nicht bei Respektspersonen wie in diesem Fall ich als eure Lehrerin. Akzeptiert euch in der Art, wie ihr handelt, liebt euch dafür, egal, was andere dazu meinen. – Eure Aufgabe für die kommende Woche lautet: Achtet darauf, euch nicht fortwährend zu erklären und zu rechtfertigen. Sagt, was ihr zu sagen habt, eine klare Aussage und Punkt. Ohne an jeden Satz ein Weil oder ein Aber anzuhängen."

Sie verstanden. Und wieder verteilte ich Blätter.

Eine Woche später frage ich erneut, wobei ich ein Schmunzeln nur schwer unterdrücken konnte: „Habt ihr die Blätter vom letzten Mal gelesen?"

Alle lachten und riefen mir ein lautes, deutliches „Nein!" zu.

Hundert Prozent ist alles

Es gibt ein relativ einfaches Mittel, damit du dir keine Kritik gefallen lassen musst, weder von dir selbst noch von anderen: Mach immer alles so gut, wie du es kannst.

Es ist richtig, immer 100 Prozent Leistung zu geben. Aber 100 Prozent, und nicht 101 oder 110. Mehr als 100 Prozent geht nicht! Gib stets dein Bestes und gib dich damit zufrieden, tief innerlich zufrieden. Damit verschwindet auch die Versagensangst, die zum Teil darauf beruht, dass wir auch vor uns selbst nicht als Versager dastehen wollen, hauptsächlich aber daher rührt, dass wir die Beurteilung der anderen fürchten, die *Ver*urteilung der anderen.

→ Vergleiche „Unterschiedliche Talente" Seite 40

Wenn du dir mit gutem Gewissen sagen kannst: Ich habe getan, was in meiner Macht lag, in der mir zur Verfügung stehenden Zeit – das will ich betonen: du musst nicht in die Nacht hinein arbeiten, bis alles erledigt ist, du hast das Recht auf Ruhe, auf dein eigenes Leben, auf Freizeit, auf dein Vergnügen –, also wenn du das getan hast, was in deinem Wissen und in deinen Fähigkeiten liegt, mit einem vernünftigen Zeitaufwand, dann hast du das getan, was richtig ist, für dich und für die anderen. Und niemand hat das Recht, dir Vorwürfe zu machen, wenn du 100 Prozent gegeben hast. Das brauchst du dir nicht gefallen zu lassen, du musst dich nicht rechtfertigen und nicht entschuldigen. Beschränke dich darauf zu sagen: „Ich habe getan, was ich konnte; wenn das nicht genügt, dann soll es ein anderer tun, der es besser macht."

„Ja, aaaaber...", höre ich dich sagen, „manchmal mag man eben nicht 100 Prozent geben, man ist faul. Was dann? Dann hat jemand ja das Recht, mir etwas vorzuwerfen."

Lassen wir einmal außer Acht, ob ein anderer das Recht hat, es dir *vorzuwerfen*. Dich darauf hinzuweisen bestimmt. Und wenn du selbst weißt, dass du faul warst, dann sollte es dir auch nicht schwerfallen, es zuzugeben.

Aber – ganz wichtig – wirf es dir niemals vor. Akzeptiere dich auch dann, wie du bist. Und wer sagt dir, dass was du Faulheit nennst in diesem Fall nicht ein Zeichen deiner Seele ist, etwas nicht zu tun? Vielleicht kämpft dein Immunsystem gerade gegen ein Virus und braucht alle Kraft. Es kann unzählige Gründe dafür geben, warum du gerade nicht magst. Geh immer vom Besten für dich aus, nicht vom Schlechteren. Nimm dich selbst immer in Schutz.

Bist du dir hingegen sicher, nicht korrekt gehandelt zu haben, sei es, dass du es im Nachhinein erkennst, sei es, dass du einmal willentlich „gefehlt" hast, dann hast du jedenfalls etwas daraus gelernt. Einzig darauf kommt es an. Vielleicht musst du 100-mal, 1000-mal faul sein, bis du einsiehst: „Das ist nicht der richtige Weg." Mach dir nie, nie Vorwürfe für die Art, wie du bist, für das, was du tust. Schau es objektiv an, und wenn du es als verbesserungswürdig erkennst, versuche es zu ändern, bemühe dich darum.

Aber vielleicht musst du dich 10-mal, 100-mal darum bemühen, bis es dir gelingt. Auch das ist in Ordnung. Jeder von uns hat in der Lebensschule seinen individuellen Lernprozess und „Stundenplan", um seine Lektionen zu begreifen und zu verinnerlichen.

Deshalb ist es ebenfalls sinnlos, dich mit anderen zu vergleichen. Du musst *deinen* Weg gehen, und auf deinem Weg ist vielleicht als eine Aufgabe vorgesehen, deine Faulheit zu überwinden. Dazu hast du ein ganzes Leben lang Zeit und – falls du an die Wiedergeburt glaubst – sogar mehr als ein Leben.

Angst vor Verurteilung

Als ich einmal durch die Rebberge wanderte, kam mir eine Frau mit einem Hund entgegen. Wie es bei uns auf dem Land Sitte ist, grüßten wir uns im Vorbeigehen. Als sie schon einige Meter hinter mir war, rief sie mir nach: „Ich habe sie nicht gestohlen, die Winzerin hat sie mir gegeben!" Ich verstand nicht, wandte mich um und schaute sie verdutzt an. Da sah ich die Weintraube in ihrer Hand.

Wie sehr fürchten doch die Menschen, be- und verurteilt zu werden! Also rechtfertigen sie sich ständig, heischen um Verständnis… und offenbaren dadurch ihre Schwäche. Wir sind niemandem Rechenschaft schuldig außer uns selbst – stehen wir einfach zu uns, mit erhobenem Haupt, und kümmern wir uns nicht um die Meinung der anderen. Wir können es ihnen ohnehin nicht immer recht machen – *und wir müssen es auch nicht!*

Unzumutbar?

Ein guter ausländischer Freund übernachtete von Zeit zu Zeit bei mir, wenn er in der Nähe zu tun hatte. Einmal teilte er mir mit, er werde sich demnächst für eine ganze Woche geschäftlich in meiner Gegend aufhalten. Ich bot ihm mein Gästezimmer für diese Zeit an und nach anfänglichem Zögern nahm er meine Einladung an. Bei einem späteren Telefongespräch fragte er mich dann aber erneut, ob er es mir tatsächlich zumuten könne, ihn eine ganze Woche lang zu beherbergen, ob er mir wirklich nicht zur Last falle. Ich musste ihn regelrecht davon überzeugen, dass ich mich über seine Anwesenheit freue.

Warum fällt es uns oft schwer, uns anderen zuzumuten? Ein Angebot oder Hilfe anzunehmen? Warum zieren wir uns, wollen x-mal hören, dass wir tatsächlich willkommen sind, das Angebot tatsächlich ehrlich gemeint ist? Warum meinen wir, zuerst ablehnen und uns dann überzeugen lassen zu müssen? Wieso haben wir so furchtbare Angst, den Eindruck zu erwecken, wir drängten uns auf?

Weil wir uns selbst nicht für wertvoll genug halten. Wir glauben nicht, dass andere unsere Gegenwart schätzen, gern mit uns zusammen sind. Wir halten uns nicht für interessant, sympathisch, liebenswert genug. Oder wir hegen Zweifel an der Aufrichtigkeit der anderen, da wir selbst es vielleicht nicht wagen, jemandem, der uns um einen Gefallen bittet, Nein zu sagen. Manchmal nehmen wir Hilfe oder ein Angebot nicht an, weil wir nicht in jemandes Schuld stehen wollen – wir befürchten, dass wenn der Betreffende eines Tages uns um einen Gefallen bittet, wir nicht den Mut haben werden, Nein zu sagen, falls es uns nicht passt.

All diesen Verhaltensweisen liegt ein Mangel an Selbstwertgefühl zugrunde. Es ist eine gute Übung für dessen Stärkung, angebotene Hilfe, Geschenke oder Gefälligkeiten ohne Umschweife anzunehmen. Wir sollen schlicht „Danke" sagen, ohne vorher abzulehnen, ohne uns bitten zu lassen, ohne zu relativieren, ohne uns zu rechtfertigen oder entschuldigen. Einfach dankbar annehmen. Und uns überhaupt keine Gedanken darüber machen, ob der andere es tatsächlich ehrlich meint, wir ihn vielleicht später enttäuschen, er eine schlechte Meinung von uns bekommt. Das wäre dann allein sein Problem.

Betrachte es auch immer von der anderen Seite: Könnte es nicht missverstanden werden, wenn du zögerst und dich zierst, ein Angebot, eine Hilfestellung anzunehmen? Beispielsweise in dem von mir geschilderten Fall: Hätte ich nicht auf den Gedanken kommen können, dass dieser Freund gar nicht so viel Zeit mit mir verbringen will und sich bloß nicht traut, es mir klar zu sagen?

Gesichtsverlust

Als ich einmal eine Woche in China verbrachte und viel mit Einheimischen zusammen war, wurde mir bewusst, wie enorm wichtig es dort ist – wie ich es übrigens auch in der arabischen Kultur erlebte –, sein Gesicht nicht zu verlieren. Das ist in jenen Ländern recht schnell passiert, sogar aus für unser Verständnis banalen Gründen, und es triff vor allem auf Männer zu.

Aber auch hier werde ich hie und da von jemandem gefragt, ob er sein Gesicht verliere, wenn er sich in einer bestimmten Situation so und so verhalte.

„Was meinst du denn genau damit?", frage ich jeweils. Daraufhin bekomme ich oft die Begriffe Würde und Selbstachtung zu hören.

Interessant. Von Nah- bis Fernost hat der Gesichtsverlust damit zu tun, wie man nach außen dasteht. Bei uns offenbar ebenfalls, oder vor allem, wie man vor sich selbst dasteht. Zu Letzterem passen Aussagen wie:

„Wenn ich das täte, würde ich die Achtung vor mir selbst verlieren."
„Wenn ich mich so verhielte, empfände ich es als würdelos."
„Wie kann man sich bloß derart unter seiner Würde benehmen?"

Selbstachtung ist wichtig und hat eine Menge mit Selbstliebe zu tun. Es bedeutet, auf uns selbst zu hören, nichts zu tun, was wir nicht wirklich wollen, stets unserer Inneren Stimme zu folgen.

Was meinen wir aber tatsächlich, wenn wir *nach außen hin* unsere Würde, also das Gesicht wahren wollen? (Und ich spreche jetzt ausdrücklich nur von unserer westlichen Kultur.) Geht es dabei nicht weniger um das Gesicht, als vielmehr darum, eine Maske aufrechtzuerhalten? Keine Schwäche zu zeigen, keine „Fehler" zugeben zu müssen, tadel- und makellos dazustehen? Das ist in der Tat kein Zeichen von Selbstliebe, sondern von mangelnder Selbstliebe! Es steckt meistens viel Ego darin, wenn wir uns bemühen, unser Gesicht nicht zu verlieren.

Für unsere Selbstachtung hat es keine Bedeutung, wie andere uns beurteilen. Nur für uns selbst muss es stimmen. Und niemand kann uns die Würde nehmen, egal, was er von uns denkt. Im Gegenteil: Wir verlieren sie gerade dann, wenn wir uns bemühen, von anderen positiv beurteilt, akzeptiert und geschätzt zu werden.

3. Kategorie: Angst vor Verlust und Liebesentzug
Um die Liebe eines Menschen nicht zu verlieren, tue ich Dinge, die ich nicht tun möchte. • Ich lasse mich emotional erpressen („Wenn du mich liebst, dann tust du...''/„Du liebst mich nicht, wenn du nicht...''). • Ich lebe in Angst, einen geliebten Menschen zu verlieren. • Ich bin eifersüchtig. • Aus Angst, die Zuneigung eines geliebten Menschen zu verlieren, traue ich mich nicht, Nein zu sagen. • Aus Angst vor Liebesentzug wehre ich mich nicht gegen physische und/ oder psychische Übergriffe. • Wegen meiner Verlustangst schweige ich bei Ungerechtigkeit, Tyrannei, Machtmissbrauch, ...

Die Verhaltensweisen der Kategorie 2 betreffen unser gesamtes Umfeld und es geht mehr um Bewertung und Anerkennung denn um die Liebe im engeren Sinn; die Verhaltensweisen der Kategorie 3 beschränken sich hingegen auf einen begrenzten Kreis, nämlich auf die uns nahestehenden Personen, die wir lieben und von denen wir geliebt werden wollen, Partner, Eltern, Geschwister, Kinder, enge Freunde. Bei ihnen ist es uns besonders wichtig, wie sie uns beurteilen, weil wir ihre Zuwendung so sehr brauchen. Dies umso mehr, wenn wir das Gefühl haben, sie liebten uns zu wenig, und wir womöglich schon seit vielen Jahren um ihre Anerkennung kämpfen, was gut zu beobachten ist bei Kindern gegenüber den Eltern – und auch umgekehrt.

Deshalb fallen wir gerade bei diesen Menschen leicht in Verhaltensmuster, die von der Angst vor Verlust und Liebesentzug geprägt sind. Für sie tun wir alles, erfüllen ihnen fast jeden Wunsch, lassen keine Gelegenheit aus, ihnen unsere Liebe zu beweisen, verhalten uns stets so, wie wir meinen, es gefalle ihnen. Oft trauen wir uns auch nicht, ihnen eine Bitte abzuschlagen, obwohl wir keine Zeit haben, keine Lust, es uns überfordert oder der betreffende Mensch unsere Hilfe vielleicht gar nicht verdient. Alles in uns schreit „Nein!". Aber ohne lange zu überlegen, antworten wir mit „Ja". Wir sagen sogar „Ja, gern!" und lächeln dazu.

→ Siehe mein Buch „Liebe ist kein Deal"; Info Seite 134

Doch das ist keine wahre Liebe, es ist ein Deal: Wir geben, um zu bekommen. Dabei haben wir oft enttäuscht das Gefühl, dass wir dennoch nicht geliebt werden.

In die gleiche Richtung geht, dass wir Dinge tun, die uns widerstreben. Eine Kursteilnehmerin erzählte mir einmal, sie sei viele Jahre lang mit einem Mann verheiratet gewesen, der sexuelle Vorlieben hatte, die ihr zuwider waren. Sie überwand sich dazu, weil sie befürchtete, ihn zu verlieren oder dass er sich bei einer anderen Frau holen würde, was sie ihm nicht geben wollte. Er bestärkte sie in diesem Glauben mit sexistischen Bemerkungen und nutzte neben ihrem schwachen Selbstwertgefühl auch ihre streng religiöse Überzeugung aus, wonach die Frau sich dem Ehemann unterzuordnen hat. Das war subtile emotionale Erpressung der gemeinsten Art. Nicht weniger verwerflich sind Sprüche wie: „Wenn du mich wirklich liebtest, würdest du das für mich tun." Oder auch: „Wenn du mich verlässt, bringe ich mich/dich um."

→ „Verantwortung für andere" Seite 89

Wenn ein Mensch, der vorgibt dich zu lieben, dir vorschreiben will, wie du zu sein hast, wie du zu leben hast, wenn er Erwartungen an dich hat und Forderungen stellt, dann liebt er dich nicht wirklich, nicht bedingungslos, nicht vorbehaltlos. Darauf kannst du verzichten. Ein Mensch, der dich wirklich liebt, akzeptiert dich, wie du bist, mit deinen guten und deinen weniger guten Seiten, mit deinen Stärken und Schwächen. Er wird dir zwar aufrichtig sagen, was ihm an dir nicht gefällt, aber er wird nie versuchen, dich unter Druck zu setzen, damit du dich änderst und das tust, was er will.

Damit fordere ich nicht dazu auf, Rücksichtnahme und Kompromisse generell abzulehnen und niemals Verzicht zu üben oder etwas für den anderen zu tun. Es ist großmütig, sich selbst zurückzunehmen aus Liebe. Aber aufgepasst: *aus Liebe*, nicht aus Angst, jemanden zu verlieren oder zu verletzen, oder vor dem Konflikt an sich. Darin liegt der große Unterschied. Alles, was du aus echter Liebe tust, ist richtig und gut. Das belastet dich nicht, du empfindest dich nicht als Opfer, nicht ausgenutzt, nicht schlecht, nicht entwürdigt. Es tut dir nicht weh.

Tritt eine dieser Empfindungen auf, so ist es ein untrügliches Zeichen, dass du gegen dich selbst gehandelt und etwas getan hast, was du im Innersten nicht wolltest. Nur wenn du dich gut dabei fühlst, glücklich, zutiefst zufrieden und in Frieden mit dir selbst, dann hast du es aus echter Liebe getan. Andernfalls mag es zwar edel erscheinen, aber es ist wertlos. Und zeugt von deiner schwachen Selbstliebe und deiner Abhängigkeit. Wenn du ehrlich zu dir selbst bist, weißt du jeweils sehr wohl, ob es die Angst ist, die dich antreibt, oder die Liebe.

Paradoxerweise streiten wir ausgerechnet mit den Menschen, die wir nicht verlieren wollen, recht oft. Diese Art, um ihre Liebe zu ringen, beruht auf unserer Ohnmacht und Hilflosigkeit, die keine anderen Mittel kennen. Zudem kommen wir mit nahestehenden Menschen nicht darum herum, bestimmte Werte und Grenzen zu klären, und müssen uns deshalb zuweilen wohl oder übel auf Konflikte einlassen. Diese tragen wir dann jedoch nicht sachlich, sondern in Form eines Machtkampfs aus, nicht selten kindisch – oder vielmehr: kindlich – und geprägt von unseren unbewussten Mustern und Verlustängsten.

→ „Der Schmerz, verlassen zu werden" Seite 82 f.

Die Angst, ein geliebter Mensch könnte sich von uns abwenden, uns verlassen und nichts mehr mit uns zu tun haben wollen, wenn wir uns nicht so verhalten, wie er es möchte, ist natürlich berechtigt. Es geschieht immer wieder: Ehen werden geschieden, Partnerschaften gehen auseinander, Eltern brechen mit ihren Kindern und umgekehrt, Freunde kündigen die Freundschaft auf.

Für unser Seelenheil ist es jedoch wichtiger, uns unsere Eigenständigkeit und innere Unabhängigkeit zu bewahren, als zwischenmenschliche Beziehungen aufrechtzuerhalten um den Preis, uns selbst untreu zu werden. Aus meiner inzwischen recht langen Lebenserfahrung kann ich dir versichern, dass du keine Angst vor einem Verlust zu haben brauchst: Du kommst über jede Trennung hinweg und für jeden Menschen, den du verlierst, findest du einen oder mehrere andere, die besser zu dir und für dich sind.

Also hab den Mut, du selbst zu sein, Nein zu sagen, das zu tun, was *du* für dich als richtig spürst, und lass dich nicht zu etwas hinreißen, was du nicht willst, scheue dich nicht, unbequem für andere zu sein. Sag dir stets: „Jemand, der mich nicht so liebt, wie ich bin, liebt mich nicht wirklich.

Eine solche Beziehung will ich nicht." Du wirst dann vielleicht sogar erstaunt feststellen, dass du diese Menschen nicht verlierst und sie im Gegenteil beginnen, dich mit Respekt zu behandeln und an dir zu hängen.

Es ist in der Tat für unsere Zufriedenheit unerlässlich, die Liebe eines anderen Menschen nicht zu brauchen – nicht brauchen, aber dankbar annehmen, sofern sie uns frei und vorbehaltlos geschenkt wird, ohne dass wir eine Gegenleistung erbringen und dafür „bezahlen" müssen.

Der Schmerz, verlassen zu werden

Immer wieder erfahren wir im Lauf unseres Lebens, dass ein nahestehender Mensch uns verlässt: Im Kleinkindalter ist es die Mutter oder eine andere Bezugsperson, die sich vorübergehend aus unserer erfassbaren Umgebung entfernt; später ein lieber Schulkamerad, der wegzieht, oder die Freundin, die sich von uns abwendet zu einer anderen „besten" Freundin; als Teenager erleben wir das Zerbrechen der ersten Liebe und als Erwachsene dann die Trennung einer langjährigen Beziehung.

Abgesehen vom offensichtlichen Schmerz durch den Verlust eines geliebten Menschen gibt es noch einige weitere Gründe, warum wir leiden, wenn wir verlassen werden:

• *Der stete Wandel.* Unser Dasein ist geprägt von einem Kommen und Gehen geliebter Menschen, als ob wir selbst wie ein Fixpunkt auf einem belebten Marktplatz stünden, Leute sich eine Zeit lang zu uns gesellten und dann weiterzögen. Erleben wir solches tatsächlich auf einem Marktplatz, sind wir nicht traurig, frustriert, enttäuscht, verletzt oder verbittert über diesen ständigen Wechsel. Im wirklichen Leben hingegen fällt uns das Loslassen extrem schwer, wir akzeptieren den Fluss des Lebens nicht, wollen festhalten, was bereits vorbei ist. Und Anhaftung, sagte schon der Buddha, verursacht Leiden.

• *Das Alleinsein und die Veränderung.* Meistens mögen die Menschen Veränderungen nicht oder sehen ihnen zumindest mit gemischten Gefühlen entgegen: Es ist immer ein Schritt ins Unbekannte, bei dem wir nicht genau wissen, was uns erwartet, und er fordert von uns äußere und innere Umstellungen und Entwicklungen. Das Ego wehrt sich deshalb dagegen und reagiert mit starken Emotionen wie Wut, Frustration, Niedergeschlagenheit und mehr.

Besonders der Wechsel von der Zweisamkeit zum Alleinsein wirft uns, zumindest in der ersten Zeit, auf uns selbst zurück und das kann sich recht unangenehm anfühlen. Vorher lenkte uns der Partner, als unser Bezugspunkt, von uns selbst ab. Nach der Trennung sind wir nur noch auf das Ich ausgerichtet, sodass einiges aus dem Unbewussten auftaucht, was bisher still schlummerte und sich jetzt aufdrängt. Diese Auseinandersetzung mit alten Themen kann Leiden verursachen; es beruht zwar nicht direkt auf der eigentlichen Trennung, doch oft unterscheiden wir das nicht und führen alles auf die gegenwärtige Situation zurück, die wir dann als umso schmerzhafter empfinden.

- *Der Angriff auf das Selbstwertgefühl.* Trennt sich ein Mensch willentlich von uns, stellen wir uns Fragen wie: „Was habe ich falsch gemacht? Warum zieht er andere mir vor? Bin ich es nicht wert, dass er mit mir zusammen ist? Bin ich langweilig, dumm, hässlich, humorlos, rechthaberisch, …? Was werden meine Familie, Freunde, Kollegen denken?" und ähnliche.

Wenn ein Mensch uns verlässt, beziehen wir das auf uns selbst – wir nehmen es „persönlich" und betrachten es zuweilen gar als Makel. Das greift unser Selbstwertgefühl an und tut weh. Doch jede Aussage, Entscheidung und Handlung eines anderen hat ausschließlich mit ihm selbst zu tun und ist nicht gegen dich gerichtet – du bist nur das Objekt, mit oder an dem es sich abspielt.

Den Pfeil herausziehen

Schießt jemand einen Pfeil auf uns, der einen unserer wunden Punkte trifft oder mit Bosheit gespickt ist, kann das wehtun. Es ist normal, diesen Schmerz zu spüren, selbst wenn wir theoretisch wissen, dass wir uns als wertvolle und unverwundbare Wesen niemals verletzt fühlen sollten.

Du kannst andere nicht daran hindern, willentlich oder unbeabsichtigt auf dich zu schießen – manchmal zielen sie daneben, manchmal treffen sie. Was also tun, wenn du dich durch eine Aussage oder das Verhalten eines Mitmenschen verletzt fühlst?

1. Den Pfeil herausziehen. Du machst dir bewusst, dass die Aussage oder Verhaltensweise, die dich verletzt hat, nicht zu dir gehört, sondern von außen in dich eingetreten ist; sie hat nichts mit dir zu tun, du lehnst sie kategorisch ab und wirfst sie bildlich aus dir hinaus. Du kannst das in einer kurzen Imagination mit geschlossenen (oder sogar mit offenen) Augen tun, indem du dir vorstellst, wie du diesen Pfeil aus deinem Körper herausreißt und wegschleuderst.

2. Die Wunde reinigen und desinfizieren. Du wäschst das Gift, das in dich eindringen will, aus, indem du die verletzende Aussage oder Tat „verwässerst". Je nach Situation kannst du dir etwa sagen, dass die Person, die auf dich geschossen hat, völlig im Unrecht ist, es nur aus Dummheit, Niedertracht, Mangel an Selbstwertgefühl getan hat; oder du versuchst, dir ihr Verhalten zu erklären (nicht zu entschuldigen!) aus ihrer persönlichen Lage, in der sie gerade steckt.

Es ist schwierig, das „Desinfizieren der Wunde" theoretisch zu erläutern, denn in jeder Situation sind es andere Argumente, die helfen. Wichtig ist jedenfalls, dich nie schuldig zu fühlen oder anzunehmen, du hättest es nicht anders verdient – du wurdest angeschossen, dafür kannst du nichts, du bist Opfer, nicht Täter! Auch musst du verhindern, dass das „Gift" in Form kreisender Gedanken, Aufwärmen früherer ähnlicher Ereignisse, ... in dir zirkuliert.

3. Die Wunde verbinden. Du legst etwas Schönes, Gutes, Angenehmes über die Wunde, indem du dir andere Situationen in Erinnerung rufst, in denen ein Mensch (vielleicht sogar der gleiche, der dich jetzt verletzt hat) dir liebe Worte oder Taten schenkte; oder Situationen, in denen du dich gut fühltest, weil du erfolgreich warst oder von anderen gelobt wurdest. Jedenfalls Momente, in denen du dich wertvoll fühltest und dich selbst liebtest. Zudem gönnst du dir etwas Schönes, ein Eis, ein neues Buch, einen Spaziergang, ...

Dieses Prozedere wiederholst du, sooft der Schmerz der Verletzung erneut aufflammt.

Bei dieser Gelegenheit darf nicht unerwähnt bleiben, dass das Sichverletztfühlen möglicherweise nur ein altes Verhaltensmuster ist: Wir haben die Einsicht, dass wir uns nie verletzt fühlen sollten, wohl verinnerlicht – aber im Unbewussten steckt noch das frühere Muster und bestimmt unsere Empfindungen. Ohne dass wir es willentlich beeinflussen können, steigt der Schmerz der Verletzung wie eine automatische Reaktion hoch, sobald eine entsprechende Situation eintritt – dabei wäre er dank unserer neuen Erkenntnis überflüssig. Diese Erfahrung machte ich nach dem Tod meines Lebenspartners. Als ich längst darüber hinweggekommen war, mein Leben wieder voller Freude genoss und überhaupt keine Trauer mehr empfand, konnte ich es dennoch nicht verhindern, dass mir sofort Tränen in die Augen schossen, sobald jemand von ihm sprach. Das erstaunte mich damals sehr, weinte ich doch, ohne zu leiden.

Solch automatische Reaktionen können wir nicht mit Hilfe des Verstandes bekämpfen, sie verschwinden aber mit der Zeit von selbst. Wie man so schön sagt: Die Zeit heilt alle Wunden.

*Bei allen Punkten, in denen hier der Partner genannt ist, kann es auch um andere geliebte Menschen gehen, wie Eltern, Kinder, enge Freunde, ...

4. Kategorie: Liebe erbetteln, erkaufen, erpressen

Ich gebe meinem Partner* zu verstehen, dass ich mich seinetwegen schlecht fühle. • Ich sage meinem Partner*, dass ich ihn brauche und/oder dass ich ohne ihn nicht leben kann. • Ich drohe meinem Partner*, mir etwas anzutun, wenn er mich verlässt. • Wenn mein Partner* mich zu wenig beachtet, schmolle oder trotze ich. • Ich versuche, meinem Partner* Schuldgefühle zu verursachen, unter anderem indem ich auch alte Sünden erwähne. • Ich spiele gern den Märtyrer („Wegen dir habe ich darauf verzichtet"). • Ich spiele gern das Opfer (Krankheit, aufgesetzte Leidensmiene, Seufzen, offenkundig „verheimlichtes" Weinen, ...), um Zuwendung zu bekommen. • Ich versuche, mir die Liebe meines Partners* zu erkaufen, indem ich seine Bedürfnisse befriedige (sexuelle Bedürfnisse, Anerkennung, materielle Unterstützung, Geschenke, ...). • Ich betreibe Machtspielchen oder versuche, Machtkämpfe heraufzubeschwören.

Diejenigen Verhaltensweisen aus der 3. Kategorie, die darauf hindeuten, dass wir uns emotional erpressen lassen, gehören mit umgekehrtem Vorzeichen in die 4. Kategorie: Wir selbst versuchen, unseren Partner und andere Menschen, deren Zuwendung wir bekommen wollen, emotional zu erpressen. Wenn sie uns nicht die erwartete Liebe schenken, sei es, dass sie uns ihre Zuneigung zu wenig zeigen, sei es, dass wir ihr Verhalten als fehlende Liebe interpretieren, setzen wir subtile nonverbale und verbale Methoden ein, um Druck auszuüben.

Zu ersteren zählen: Ich gebe mich betont schweigsam, setze eine leidende Miene auf, weine (zuweilen) scheinbar heimlich, aber doch offenkundig genug, dass der andere es bemerken muss, seufze oder stöhne verstohlen. Ich verhalte mich so, damit mein Gegenüber merkt, dass mit mir etwas nicht stimmt, es mir nicht gut geht. Im Idealfall soll er selbst darauf kommen, dass *er* Schuld an meiner Misere trägt. Zudem will ich erreichen, gefragt zu werden, was mit mir los sei oder – noch besser –, was er falsch gemacht habe. Indem ich mich lange und wiederholt bitten lasse, bis ich endlich damit herausrücke, will ich suggerieren: „Sieh, ich leide im Stillen, will dir ja nichts vorwerfen, aaaber..." –

was schlussendlich aus mir herausbricht, hört sich dann alles andere als nicht vorwurfsvoll an.

Die verbalen Methoden bestehen aus Aussagen wie: „Ich tue so viel für dich und du…; „Du hattest mir versprochen… und hast es nicht getan"; „Offenbar liebst du mich nicht genug…"; „Wegen dir habe ich das doch getan, aber du…"; „Nie machst du, was ich mir wünsche…"; „Merkst du denn nicht, wie weh du mir tust?"; und viele mehr. Die emotionale Erpressung gipfelt in Drohungen wie „Wenn du das machst/nicht machst, trenne ich mich von dir" oder „Wenn du mich verlässt, siehst du die Kinder nie mehr".

Alle Äußerungen, die nonverbalen und die verbalen, zielen darauf ab, unser Gegenüber unter Druck zu setzen und ihm ein schlechtes Gewissen zu verursachen. Wir denken, dass wenn er Verlustangst oder Schuldgefühle empfindet, er sich liebevoller verhält und sich nicht traut, in einer Weise zu handeln, die uns missfällt.

Aber selbst scheinbar positive Aussagen wirken als subtiles Druckmittel oder als unterwürfiges Bitten und Erbetteln, etwa wenn wir dem Partner wiederholt versichern, wie sehr wir ihn brauchen, dass wir nicht ohne ihn leben können, nicht wüssten, was wir ohne ihn täten, er der Sinn unseres Daseins ist. Damit bedrängen wir ihn emotional, bei uns bleiben zu müssen – für immer, aber auch bei einer bestimmten Gelegenheit, sodass er beispielsweise abends nicht ohne uns ausgeht oder generell auf eigene Aktivitäten, die wir missbilligen, verzichtet und Ähnliches. Manchmal sagen wir solche Dinge nicht mit dieser bewussten Absicht, dennoch verraten sie einen Mangel an Selbstliebe.

Auf den ersten Blick ähnlich positiv scheinen andere Verhaltensweisen, mit denen wir uns in Wirklichkeit aber nur die Liebe zu erkaufen versuchen. Haben wir einmal die intimen Bedürfnisse unseres Partners erkannt (sexuelle, materielle, emotionale wie beispielsweise nach Anerkennung, Lob oder Bewunderung, …), so setzen wir alles daran, sie zu stillen. Wir meinen, wenn wir uns in dieser Art unentbehrlich machen, schaffen wir ein Abhängigkeitsverhältnis und bekommen die Liebe, die wir so sehr brauchen. Zudem können wir dem Partner unsere Missbilligung und Verurteilung irgendwelcher Fehlverhalten seinerseits jeweils deutlich zeigen, indem wir seine Bedürfnisse vorsätzlich und demonstrativ nicht mehr befriedigen – und zwar so lange, bis er sich entschuldigt und wieder in einer uns gefälligen Weise verhält.

Analoge Verhaltensweisen legen wir gleichermaßen bei Eltern, Geschwistern, Freunden an den Tag. Ebenso, ganz fatal, bei unseren Kindern – wodurch wir ihnen den Glauben anerziehen, sie müssten sich die Liebe verdienen.

Verantwortung für andere

Wir sind *nie* verantwortlich für mündige Menschen. Wir tragen Verantwortung für unsere Kinder, unsere Tiere, unsere Pflanzen, aber niemals für einen Erwachsenen, der in der Lage ist, seine eigenen Entscheidungen für sein Leben zu treffen.

Lassen wir uns also nie zu Sündenböcken machen, lassen wir uns keine Schuldgefühle einreden, wenn jemand zu uns sagt: „Du bist schuld, dass ich unglücklich bin" oder „Du bist schuld, dass ich trinke, Drogen nehme, mich habe gehen lassen und mein Job weg ist."

Nein, du bist niemals schuld, welchen Weg ein anderer auch immer einschlägt! Du hast das Recht über dein Leben zu entscheiden. Wie ein anderer damit umgeht, ist allein seine Sache und seine Verantwortung.

Selbstverständlich gilt das auch für uns selbst: Wir dürfen andere nicht dafür verantwortlich machen, wenn wir unglücklich sind. Und noch weniger, andere emotional erpressen, damit sie sich um unser Glück bemühen.

5. Kategorie: Sich gebraucht fühlen
Wenn ich nicht gebraucht werde, fühle ich mich minderwertig oder nutzlos. • Ich missachte meine eigenen Bedürfnisse zugunsten anderer Menschen. • Ich suche mir immer wieder neue Aufgaben, beispielsweise in Vereinen und gemeinnützigen Organisationen, obwohl ich mit Beruf, Familie, Hobbys schon ausgelastet wäre. • Wenn jemand meinen Rat nicht befolgt, bin ich verärgert, enttäuscht oder fühle mich zurückgewiesen. • Wenn jemand die von mir angebotene Hilfe nicht annimmt, bin ich beleidigt, frustriert oder verletzt. • Ich bin enttäuscht, wenn meine Hilfe nicht gebührend gewürdigt oder verdankt wird. • Wenn jemand mich um Hilfe bittet, kann ich nicht Nein sagen. • Ich bin das, was man einen aufopfernden Menschen nennt.

Das Charakteristische dieser Verhaltensweisen besteht darin, dass wir unseren eigenen Wert darüber definieren, welchen Nutzen wir für andere darstellen und erbringen. So bemühen wir uns stets, Dienste zu erweisen, am liebsten machen wir uns unentbehrlich. Nicht nur bieten wir unsere Hilfe an, wir drängen sie manchmal regelrecht auf; wird sie abgelehnt oder nicht gebührend gewürdigt, fühlen wir uns zurückgewiesen und verletzt.

Das beginnt mit den guten Ratschlägen, die wir gefragt und ungefragt erteilen: Wenn jemand sie nicht befolgt – obwohl sie doch so logisch, so unfehlbar sind! – sind wir frustriert, beleidigt oder ärgern uns darüber. Manchmal empfinden wir zwar einen aufrichtigen Schmerz, falls es einem anderen schlecht geht, weil er nicht auf uns gehört hat, doch diese Gefühlsregung können wir sehr wohl von Verärgerung oder Frustration unterscheiden. Hinter letzteren steckt eine Verletzung unseres Selbstwertgefühls: Wir fühlen uns nicht ernst genommen und betrachten es als negative Bewertung unseres Ratschlags und damit von uns als Person.

Geliebte Menschen erdrücken wir nicht selten mit einer erstickenden Zuneigung und Fürsorge, und wir reagieren tief verletzt, falls sie diese verschmähen oder sie sich auch nur kleine Freiräume zu schaffen versuchen. Wir fassen die geringste Absage an das Gute, das wir ihnen tun wollen, als

Ablehnung auf; die damit verbundene Schwächung unseres Selbstwertgefühls äußert sich in quälenden Gedanken, was wir wohl falsch gemacht haben, gefolgt von Selbstvorwürfen und Schuldgefühlen und Verlustangst.

Anstatt uns etwas zurückzunehmen, intensivieren wir in dieser Situation unsere Bemühungen, mit dem Ergebnis, dass sich der geliebte Mensch noch vehementer dagegen wehren muss, was bei uns wiederum als Zurückweisung ankommt und erneut Angst auslöst.

Auch neigen wir dazu, uns für andere aufzuopfern. Wir lehnen es nie ab, wenn sie um einen Gefallen, um Hilfe bitten, selbst wenn wir keine Zeit, keine Lust, ja keine Möglichkeit haben. Wir setzen unsere eigenen Interessen hintan und verausgaben uns über unsere Kräfte, wir geben mehr, als wir vermögen. Bis eines Tages der Zusammenbruch als unweigerliche Folge eintritt, entweder körperlich oder psychisch. Denn zu lange haben wir unsere eigenen Bedürfnisse vernachlässigt, sie teilweise kaum mehr gespürt.

Dabei ist es unser Recht, ja unsere Pflicht, in erster Linie unser Leben zu leben. Schauen wir ehrlich hin: Kommen unser Altruismus und unsere Nächstenliebe tatsächlich aus dem Herzen? Oder drängt uns hauptsächlich die Not, daraus unser Selbstwertgefühl zu beziehen? Gönnen wir uns auch selbst das, was wir anderen Gutes tun, oder reden wir uns etwa ein, es gar nicht zu brauchen?

Leiden wir an dieser Form mangelnder Selbstliebe, kann die Kur nur so radikal sein, wie es der Kollaps am Ende unserer Kräfte wäre: fürs Erste einmal einen Schlussstrich unter alle altruistischen Tätigkeiten ziehen, ausnahmslos und kategorisch. Und dann die darauffolgende Leere aushalten und lernen, unsere eigenen Bedürfnisse und Wünsche wieder wahrzunehmen und zu befriedigen. Erst nach einer längeren Periode, in der wir nur für uns selbst gelebt haben, dürfen wir dann Egoismus und Altruismus wieder in ein gesundes Gleichgewicht bringen, sorgsam darauf achtend, nicht wieder ins alte Fahrwasser zu geraten.

6. Kategorie: Kompensatorisches Verhalten
Ich bin überheblich oder besserwisserisch. • Auf Kritik reagiere ich abweisend oder gar aggressiv. • Ich prahle oder übertreibe maßlos, wenn ich etwas über mich erzähle. • Ich berichte äußerst gern darüber, was ich gut kann, dass andere mich gelobt hätten, mich bewunderten. • Ich versuche mit meinen Aussagen, andere zu erniedrigen, zu demütigen, abzuwerten. • Ich empfinde Schadenfreude, wenn jemandem ein Missgeschick passiert oder es ihm schlecht geht.

→ „Nicht mit gleicher Münze heimzahlen" Seite 96

Immer wieder begegnen wir Menschen, die wir als selbstbewusst und selbstsicher erleben, manchmal sogar als überheblich oder beinahe größenwahnsinnig, zumindest auf den ersten Blick. Lernen wir sie dann näher kennen oder sehen wir hinter die Kulissen, entdecken wir – vielleicht mit Erstaunen –, dass ihre vermeintliche Selbstsicherheit nur eine Fassade ist und sich dahinter ein Mensch verbirgt, der an sich zweifelt und äußerst verletzlich ist.

Solche Menschen müssen sich und ihrer Umgebung laufend vorführen und beweisen, dass sie mehr wissen, mehr können, mehr leisten, mehr haben, sich mehr trauen als die anderen. Das manifestiert sich auch darin, dass sie überdurchschnittlich oft von sich sprechen und kaum daran interessiert sind, was andere zu erzählen haben. Ferner ringen sie mitunter lautstark um Aufmerksamkeit und reagieren gereizt, aggressiv, provozierend, wenn man ihnen diese nicht schenkt, oder ziehen sich wütend zurück. Die gleiche Reaktion zeigen sie, wenn jemand Kritik gegen sie äußert oder das von ihnen Gesagte infrage stellt.

→ „Endlose Diskussionen" Seite 94 f.

Zudem können sie nie aufhören zu diskutieren, wollen die anderen um jeden Preis davon überzeugen, dass sie recht haben, führen ein Argument ums andere ins Feld, nicht selten immer wieder das gleiche; falls sie merken, dass sie verlieren oder unrecht haben, verdrehen sie die Aussagen des Gesprächspartners oder verkaufen sie schließlich als ihre eigenen: „Das sage ich doch die ganze Zeit!"

Da sie ihren eigenen Wert nicht kennen (oder nicht anerkennen), versuchen sie, sich Selbst-Wichtigkeit als Ersatz für fehlende Selbst-Wertigkeit zu geben. Minderwertig und verletzlich wie sie sich tatsächlich fühlen, bauen sie sich einen Schutzwall aus Prahlerei, Besserwisserei und Überheblichkeit auf; sie haben immer etwas anzumerken, drängen sich in den Vordergrund, übernehmen nicht selten eine Anführerrolle, vor allem wenn es darum geht, andere zu demütigen oder lächerlich zu machen. Selbstironie kennen sie nicht, ihr Humor geht stets auf Kosten der anderen.

Besonders die Überheblichkeit ist für solche Menschen ein wirksames Mittel gegen die inneren Qualen eines geringen Selbstwertgefühls. Behandeln sie andere nämlich von oben herab, sodass diese im wahren Sinne des Wortes *erniedrigt* sind, können sie sich selbst als *erhöht* empfinden. Aus dem gleichen Grund frohlocken sie über das Unglück anderer, denn sie sehen sie gern am Boden, unten; Schadenfreude gehört zu ihren ausgeprägten Eigenschafen.

Wer hingegen in sich selbst geborgen ist, sich annimmt mit Stärken und Schwächen, wer um seinen wahren Wert weiß – hat dieser Mensch es nötig, anderen ständig seine Überlegenheit zu demonstrieren und sie klein zu machen?

Achte bei dir selbst auf solche Verhaltensweisen. Es sind diejenigen, die du am einfachsten und schnellsten ändern kannst. Hast du sie nämlich einmal wahrgenommen und erkannt, so wird es dir vor dir selbst peinlich sein, wenn du dich nach außen weiterhin so gibst, und es kostet dich nur etwas Achtsamkeit und eine kleine Willensanstrengung, um sie aufzugeben.

Endlose Diskussionen

Besserwisserei und Rechthaberei gehören zu den Verhaltensweisen, die auf mangelndes Selbstwertgefühl hindeuten. Auf jede Aussage eines anderen haben wir etwas anzumerken, zu erwidern oder hinzuzufügen; sogar wenn die Aussage korrekt, klar und unmissverständlich ist, drängt es uns, sie zu präzisieren, irgendwie.

Warum tun wir das? Aus dem Bedürfnis, ständig zu beweisen, was wir wissen, um uns selbst in den Vordergrund zu rücken beziehungsweise andere in den Hintergrund zu verdrängen oder gar zu erniedrigen.

Diese Ausprägung des mangelnden Selbstwertgefühls äußert sich unter anderem in den endlosen Diskussionen, gehe es um allgemeine Themen oder um persönliche, wenn wir auf jede Entgegnung unseres Gegenübers noch ein Argument und noch eines vorbringen. Nicht selten immer wieder das gleiche. Es ist uns unheimlich wichtig, nicht als „Verlierer" dazustehen, und bei ideologischen Streitgesprächen auch darum, den anderen um jeden Preis zu überzeugen. Warum können wir nicht unsere Meinung sagen, vielleicht noch eine Erläuterung anfügen, sollte es der Gesprächspartner etwa missverstanden haben, und es dann einfach so stehen lassen? Damit beweisen wir Größe und Stärke (und Selbstvertrauen!), und nicht indem wir auf einem Thema herumreiten und es ins Endlose ziehen.

Selbst wenn es um Meinungsverschiedenheiten geht, von denen wir glauben, sie müssten unbedingt geklärt werden, ist es meistens hoffnungslos, wenn es nicht mit den ersten zwei oder drei Argumenten gelingt. Dann ist es sinnvoller und für beide befriedigender, das Thema abzuhaken und aufrichtig einen Schlussstrich darunter zu ziehen. Sogar wenn unser Gegenüber zu den Menschen gehört, die es einfach nicht lassen können... gegen unser Schweigen ist er machtlos. In der Schweiz sagt man: De Gschiider git nah und dr Esel blibt stah. – Der Klügere gibt nach und der Esel bleibt stehen.

Ich weiß, diese Chance, einer Eskalation vorzubeugen, nehmen wir manchmal nicht wahr. Das ging mir früher auch oft so. Der kleine Teufel saß auf meiner Schulter und flüsterte mir zu: „Mach weiter, lass nicht locker, irgendwann sieht der Gesprächspartner schon ein, dass du recht hast."

Auch empfand ich es in dem Moment, in dem ich im Disput steckte, nicht so, als läge es an *mir*, dass endlos diskutiert wird, sondern am andern. Ich fühlte mich missverstanden, ungerecht behandelt, wollte es ihm klarmachen, ereiferte mich, empfand Frustration, Wut, Unverständnis.

Irgendwann habe ich aber eingesehen, dass es sinnlos ist. Wenn ich es nicht mit den ersten Argumenten schaffe, das Gegenüber zu überzeugen, schaffe ich es auch mit den nächsten zwanzig nicht. Deshalb halte ich es heute (in der Regel) so, dass ich meine Meinung mitteile, das Gegenargument anhöre, noch ein- oder zweimal auf die Erwiderung meines Gesprächspartners eingehe. Daraufhin breche ich das Gespräch aber ab mit den Worten: „Du hast deine Meinung, ich meine. Lassen wir es so stehen." Und zwar ohne dass Wut, Verärgerung, Enttäuschung oder Ähnliches durchschimmern.

Auch falls der andere sich als Sieger fühlt, lasse ich ihn gern in diesem Glauben und gönne ihm die Genugtuung, ohne mich selbst als Verlierer zu empfinden. Mein Selbstwertgefühl berührt dies nicht.

Nicht mit gleicher Münze heimzahlen

Die kompensatorischen Verhaltensweisen – Überheblichkeit, Besserwisserei, Prahlen –, die auf zu wenig Selbstliebe deuten, reizen uns besonders, wenn wir ihnen bei unseren Mitmenschen begegnen. Die Gefahr, dass wir augenblicklich ebenfalls in dieses Muster fallen, ist recht groß, denn wir wollen dem Gegenüber nicht zugestehen, sich uns überlegen zu fühlen, und verspüren das Bedürfnis, unser eigenes schwankendes Selbstwertgefühl zu stärken.

Doch genau das dürfen wir nicht tun. Anstatt in der gleichen Weise aufzutreten, sollten wir diesen Menschen mit Milde und Verständnis begegnen – und anstatt sie noch „kleiner" zu machen, vielmehr versuchen, ihr mangelndes Selbstwertgefühl zu stärken, indem wir sie auf ihre wahren Werte aufmerksam machen und diese anerkennend hervorheben, sie loben und ermuntern.

In diesem Zusammenhang eine kleine Übungsanleitung, wie wir *allen* Mitmenschen begegnen sollten:
• Du verhältst dich stets so, dass andere Menschen sich in deiner Gegenwart wohlfühlen, d.h. du behandelst sie mit Respekt, ohne Arroganz, bist offen, freundlich und zuvorkommend – zu allen! Das praktizierst du mit Freunden, Bekannten, Familienmitgliedern ebenso wie mit Unbekannten, denen du möglicherweise nur ein einziges Mal begegnest.
• Achtung: Das bedeutet nicht, dass du deine Meinung nicht sagen darfst, dich dem Ego anderer zu unterwerfen hast, nicht klare Grenzen ziehen sollst – aber eben: mit Respekt, ohne Überheblichkeit, liebenswürdig, verständnisvoll und trotzdem bestimmt.
• Und vor allem: Du empfindest dich durch dein wohlwollendes Verhalten weder als unterwürfig und unwürdig noch als überlegen. Du bist dir bewusst, dass du wertvoll bist, unabhängig von deinem Verhalten anderen gegenüber und von ihrem Verhalten dir gegenüber. Du fühlst dich in deinem Tun und Lassen sicher und standfest.

Die Einteilung der Verhaltensweisen in Kategorien dient mir dazu, eine Systematik in die Erläuterungen zu bringen. Die Grenzen zwischen den Kategorien sind indes teilweise fließend und manche Verhaltensweise lässt sich auf mehrere Ursachen zurückführen.

Fühlen wir uns beispielsweise schlecht, weil wir einen Misserfolg erlitten haben, so kann dies darauf hindeuten, dass wir uns selbst für Versager halten und einmal mehr die vermeintliche Wertlosigkeit bestätigt sehen; es hängt folglich mit unserer strengen Eigenbewertung zusammen (Kategorie 1). Ebenso möglich ist, dass wir die damit verbundene Kritik und Verurteilung der Mitmenschen fürchten (Kategorie 2). Oder es steckt sogar unsere Angst vor Liebesentzug dahinter, falls wir den Misserfolg als eine Enttäuschung für unseren Partner, die Eltern oder Freunde betrachten (Kategorie 3).

Deutlich wird diese unscharfe Trennung auch bei den Kategorien 3 und 4, wenn es um die emotionale Erpressung geht. Benutzen beide Partner einer Liebes- oder Freundschaftsbeziehung solche manipulativen Mittel, so artet es oft in einem Teufelskreis aus. Es sind dann beide zugleich Täter und Opfer und die emotionale Erpressung schaukelt sich hoch zu Machtspielen und -kämpfen. Was immer mit Verletzungen beiderseits verbunden ist.

Bei der Erörterung der Verhaltensweisen habe ich in der Regel bewusst deren extremere Form beschrieben; selbstverständlich können bereits mildere Ausprägungen auf ein schwaches Selbstwertgefühl hinweisen, ebenso wie verwandte Verhalten, die ich nicht nenne.

Nachdem du nun meine Erläuterungen gelesen hast, bitte ich dich, den Fragebogen auf den Seiten 58 bis 60 nochmals durchzugehen und aus deinem differenzierteren Verständnis der Zusammenhänge allenfalls erforderliche Berichtigungen vorzunehmen.

VII. Üben, üben, üben

Wie kannst du jetzt konkret an deiner Selbstveränderung arbeiten? Wie gesagt, die eine Aufgabe besteht darin, dich immer wieder selbst davon zu überzeugen, dass du wertvoll bist und dich lieben darfst und sollst. Noch wichtiger ist es jedoch, in der Praxis etwas zu tun. Es geht darum, in den konkreten Alltagssituationen, in denen sich das schwache Selbstwertgefühl äußert, an einer Verhaltensänderung zu arbeiten und sie einzuüben.

1. Anleitung zur Änderung von Verhaltensweisen

→ Seiten 58-60

A. Such dir aus den Verhaltensweisen, bei denen du dein Kreuz näher bei *oft* gesetzt hast, eine aus, an der du in nächster Zeit arbeiten willst. *Eine einzige.* Und es soll nicht die schwierigste sein. Wähle eine, von der du denkst: „Das würde ich wirklich gern an mir ändern, es bereitet mir so viele Probleme im Alltag." Oder eine, bei der du glaubst, dass du relativ schnell und ohne großen inneren Kampf zum Ziel kommst. Denn auch bei unseren guten Vorsätzen und den uns selbst gestellten Aufgaben sollen wir lieb zu uns sein, uns nicht überfordern und es uns nicht schwerer als unbedingt nötig machen. Schreib die gewählte Verhaltensweise hier detailliert auf:

B. Ruf dir jetzt eine reale Begebenheit in Erinnerung, in der du dich so verhalten hast. Spiel in Gedanken durch, wie du dich anders hättest verhalten wollen/sollen. Versuch dabei, emotionslos zu bleiben, als würdest du es in einem Theaterstück oder in einem Film spielen, und mach es *nur ein einziges Mal.*

Es gilt nämlich, das bekannte Phänomen der kreisenden Gedanken zu vermeiden, das uns nicht selten heimsucht, wenn wir meinen, etwas falsch gemacht zu haben: Wir gehen das Ereignis unzählige Male im Kopf durch, immer wieder identisch oder mit Variationen. Oft können wir diese Automatik kaum mehr stoppen. Es ist richtig und wichtig, dass du solche Situationen *ein Mal* analysierst, *ein Mal* überlegst, wie du dich anders hättest verhalten können, und dann den Vorsatz fasst: „Beim nächsten Mal mache ich es besser". Aber damit ist genug.

Du musst unbedingt verhindern, dass du dich in selbstverurteilenden, selbstzerstörerischen Gedanken verstrickst, nicht nur jetzt gerade bei dieser Aufgabe, sondern generell; sie sind nutzlos und schädlich. Wie du es auch bewerkstelligst – die erfolgversprechenden Maßnahmen sind verschieden von Mensch zu Mensch: Ablenkung, Musik, Computerspiele, Vokabeln pauken, Kreuzworträtsel lösen; indem du mehrmals laut und deutlich zu dir selbst sagst: „Stopp, diese Gedanken will ich nicht mehr!"; dadurch, dass du bewusst und intensiv an etwas anderes denkst, ein schönes Erlebnis, eine bevorstehende Herausforderung; oder mit welcher Methode es bei dir am besten funktioniert.

Ein weiteres wirksames Mittel besteht darin, schriftlich festzuhalten, wie du dich das nächste Mal in einer analogen Situation verhalten willst; danach kannst du die Gedanken daran loslassen. Schreib deshalb jetzt hier auf, was du vorher in Gedanken durchgespielt hast (Punkt B):

C. Nun sag laut, deutlich, kraftvoll und mit Überzeugung: „Ich will mich ändern und ich schaffe es!". Diesen Satz wiederholst du jedes Mal, wenn du meinst versagt zu haben, falls du entmutigt oder verzweifelt denkst: „Ich schaffe es nie". Erinnere dich jeweils auch daran, dass die Veränderung nicht über Nacht geschieht, sondern langsam durch kontinuierliche Praxis.

D. Von nun an bist du in deinem Alltag achtsam für Ereignisse, in denen sich dieses bestimmte Muster manifestieren kann, und versuchst dann in der aktuellen Situation, dich willentlich anders zu verhalten als bisher.

→ Eine Methode, um Verhaltensmuster rechtzeitig zu erkennen, beschreibe ich in meinem Buch „Ich liebe mich selbst 2"; Info Seite 135.

Mit der Zeit wirst du feststellen, dass sobald du in eine solche Situation gerätst, bei dir eine Art Warnlampe aufleuchtet, eine innere. Am Anfang wirst du sie vermutlich noch nicht wahrnehmen, es manchmal erst zu spät merken und nach dem alten Muster handeln. Das macht nichts, das ist normal. Falls dies geschieht, sagst du dir, nachdem du es gemerkt hast, liebevoll: „Na gut, ich hab's verpasst. Es wird eine neue Chance kommen und dann bemühe ich mich wieder, ich versuche es erneut, ich gebe nicht auf. Ich weiß, irgendwann schaffe ich es!"

Denk immer daran, dass solche Muster tief in uns eingraviert sind. Wir werden aus dem Unbewussten gesteuert, weshalb wir schon gehandelt haben, bevor wir überhaupt hätten darüber nachdenken können, was sagen oder tun. Mach dir keine Sorgen, es geht uns allen so. Es wird x Versuche brauchen, bis du es rechtzeitig merkst und bewusst reagieren kannst. Sei dann ruhig stolz auf dich! Aber verurteile dich nicht, wenn du das nächste Mal die Gelegenheit wieder verpasst: Ein einmaliges Gelingen bewirkt noch keine nachhaltige Veränderung. Es ist ein Lernprozess unseres Unbewussten, mit Erfolgen und Rückschlägen, wie bei allem, was wir neu lernen, sei es Radfahren oder eine Fremdsprache; manchmal geht es besser und manchmal nicht so gut. Aber irgendwann ist das alte Muster mit dem neuen „überschrieben" und du wirst dich fortan automatisch in der neuen Weise verhalten.

Ich will dir keinen Zeithorizont angeben. Es kann einige Wochen, aber auch Monate dauern. Es geschieht zuweilen sogar, dass du nach Jahren, wenn du eine Verhaltensweise im Prinzip längst überwunden hast, wieder einmal darauf hereinfällst. Das passiert uns allen, besonders in Situationen, bei denen starke Emotionen mitspielen, oder in einer Konstellation, in der wir einst zu wenig Selbstwertgefühl hatten, oder bei Erlebnissen, die wie eine exakte Wiederholung früherer Ereignisse ablaufen. Sei auch dann lieb mit dir selbst, akzeptiere es. Du darfst unendlich oft die gleichen Erfahrungen machen und bekommst immer wieder eine neue Chance.

Und bau dich an deinen Fortschritten auf, sind sie noch so gering. Überbewerte die Rückschläge nicht. Wir neigen leider dazu, unsere sogenannten Misserfolge durch ein Vergrößerungsglas zu sehen und unsere Erfolge durch ein Verkleinerungsglas. Wir stellen unser Licht allzu oft unter den Scheffel. Aber wir sollen uns nicht klein machen! Steh ruhig – vor allem vor dir selbst – auch zu dem, was du gut machst, was du gelernt hast, worin du eine positive Veränderung siehst. Wir dürfen das, wir dürfen stolz auf uns sein.

In diesem Zusammenhang noch ein Hinweis zu unserer Selbstwahrnehmung. Es kann vorkommen, dass wir es gar nicht merken, wenn wir eine bestimmte Verhaltensweise definitiv verändert haben. Es passiert schleichend, wie hinter einem undurchsichtigen Vorhang. Erst nach einer ganzen Weile wird uns dann plötzlich bewusst: „Oh! Jetzt habe ich mich aber lange nicht mehr so und so verhalten."

2. Eins nach dem anderen
Wie vorhin erläutert, sollst du nur an einer einzigen der von dir bei *oft* angekreuzten Verhaltensweisen arbeiten.

Erst wenn du bei dieser ersten eine deutliche Änderung feststellst – du dich gewissermaßen *automatisch*, also ohne Achtsamkeit und Willensanstrengung wie gewünscht verhältst –, beginnst du mit der nächsten.

Du wählst wieder eine (eine einzige!) aus der Liste und arbeitest in der genau gleichen Weise daran wie unter den vorangehenden Punkten A bis D beschrieben.

Bestimmt denkst du jetzt: „Aber das dauert ja ewig, bis ich alles verändert habe, wenn ich mich jeweils nur mit einem Verhalten aufs Mal beschäftige!"

Das trifft nicht zu. Mit jedem Muster, das du ablegst, wachsen dein Selbstwertgefühl und deine Selbstliebe, und zwar nicht linear, sondern exponentiell. Die ersten Schritte sind die schwierigsten, aber hast du erst einmal eine Basis geschaffen, geht es immer schneller und müheloser; es wird dir auch immer leichter fallen, an weiteren Verhaltensweisen zu arbeiten. Und irgendwann verwandeln sich alle verbleibenden wie von selbst.

Gib bloß nicht auf, wenn einmal Schwierigkeiten auftauchen oder es gerade nicht so gut läuft und es anstrengend ist; bleib dran, motiviere dich stets von Neuem! Ich weiß noch gut, wie schwer es damals für mich war, wie viele Rückschläge, wie viel Entmutigung ich durchgemacht habe, wie ich zuweilen dachte, ich stünde wieder ganz bei Null – und doch ging es voran, manchmal besser und schneller, manchmal eben stockender und zäher. Irgendwann hatte ich dann aber eine solide Basis an Selbstwertgefühl und Selbstliebe erreicht.

Gib nicht auf, du schaffst es auch. Und es lohnt sich, denn schon der kleinste Fortschritt in Richtung mehr Selbstliebe schenkt dir ein Plus an Lebensqualität und Lebensfreude.

VIII. Angst und Mut

Es gibt im Grunde genommen ein einziges schwerwiegendes Hindernis auf dem Weg zur Selbstliebe: die Angst. Die Angst, nicht zu genügen, „Fehler" zu machen, jemanden zu verärgern, einen Freund zu verlieren und tausend Ängste mehr. Wie schon gesagt, handelt es sich fast immer um die Urangst, nicht geliebt zu werden.

Unsere Ängste bremsen uns deshalb, weil wir in Gedanken Situationen vorwegnehmen und uns ausmalen, was alles passieren wird, wenn wir uns so und so verhalten. Daraufhin denken wir: „Das kann ich nicht machen, das geht nicht, das schaffe ich nicht, das kommt nicht gut" und weichen aus... verschieben... geben auf...

Ich will gar nicht verschweigen, dass Konflikte mit unseren Mitmenschen entstehen können, wenn unsere Selbstliebe erstarkt. Wir werden nämlich für sie unbequem, wenn wir anfangen, Nein zu sagen, häufiger zu unserer Meinung stehen, vermehrt wir selbst sind. Zweifellos war es für sie vorher einfacher mit uns umzugehen, als wir uns nichts trauten vor lauter Angst, ihre Anerkennung, Wertschätzung, Liebe zu verlieren, und wir uns jeweils ihrem Willen beugten, um sie nicht zu enttäuschen oder zu verletzen.

Einige Menschen deines Umfelds werden vielleicht so reagieren wie eine recht dominante Freundin von mir, als ich begann, mich zu wandeln und ihr zu widersprechen. Sie sagte eines Tages zu mir: „Du hast dich sehr verändert", schaute mich dabei vorwurfsvoll an und fügte hinzu, jedes Wort betonend: „Aber nicht zu deinem Bessern." Ich war damals stolz auf mich, als ich es hörte, und seit Langem gehört diese Frau nicht mehr zu meinem Freundeskreis.

Es kann in der Tat passieren, dass wir einen Freund verlieren. Aber was sind das für Freunde, die dir nur zugetan sind, solange du dich ihren Erwartungen und Forderungen fügst? Lass sie ziehen, an ihnen hast du nichts verloren. Ich habe es ja in einem vorangehenden Kapitel schon geschrieben, aber ich wiederhole es: Für jeden dieser Freunde, die du verlierst, findest du einen neuen, einen wahren Freund, einen, der dich respektiert, genau weil du du selbst bist.

Manchmal wird es dir vorkommen, als müsstest du über deinen eigenen Schatten springen, so sehr hast du ängstliche Verhaltensweisen über Jahre und Jahrzehnte eingeübt, so tief sind sie in dir eingraviert. Dieser Schritt ist unerlässlich und du musst ihn selbst tun, niemand kann ihn dir abnehmen. Ausweichen und aufschieben nützt nichts, du kommst nicht weiter, wenn du es nicht wagst.

Aber ganz ehrlich: Was hast du schon zu verlieren? Und wenn ein Freund sich von dir abwendet, jemand dich tadelt oder beschimpft, sag dir immer: „Ich bin ich, ich bin von niemandem abhängig und ich bin niemandem Rechenschaft schuldig außer mir selbst."

Sei versichert, wenn es dir *ein Mal* gelingt, wirst du stolz auf dich sein und es wird dich stärken. Auch wirst du – vielleicht erstaunt – erkennen, dass meistens gar nicht so viel passiert. All das, was wir jeweils vorher befürchteten, tritt entweder überhaupt nicht ein oder es berührt uns nicht allzu sehr. Manchmal haben wir furchtbare Angst, einen Menschen zu verlieren; haben wir ihn dann tatsächlich verloren, merken wir, dass es nicht schlimm ist und wir damit gut umgehen können, im Gegenteil, möglicherweise empfinden wir es als Befreiung.

→ „Ich will doch andere nicht verletzen" Seite 124 f.
→ „Die Angst vor dem Versiegen des Brunnens" Seite 112

„Schöne Worte", denkst du dir vielleicht, „aber die Angst überfällt mich jeweils einfach, stark, mächtig, lähmend." Das ist so, niemand von uns ist davor gefeit; deshalb gebe ich dir jetzt noch einige konkrete Tipps, wie sich unsere Ängste überwinden lassen. Bei allen meinen nachfolgenden Erläuterungen fordere ich nicht dazu auf, die berechtigte warnende Funktion der Angst und eine gesunde Vorsicht zu missachten. Ich spreche nur von den offensichtlich unbegründeten Ängsten.

1. Die Angst personifizieren und übergehen
Nach meiner Erfahrung verschwindet Angst nicht von allein, auch wenn wir etwas noch so lange vor uns herschieben. Manchmal versteckt sie sich für eine Weile, nur um später erstarkt oder in anderer Form wieder zu erscheinen.

Deshalb sehe ich ein einziges Mittel dagegen: *Wenn du etwas nicht ohne Angst tun kannst, dann tue es mit Angst, aber tue es.*

Wir dürfen uns von unserer Angst nicht behindern lassen, wir müssen sie übergehen, sonst ändert sich nie etwas. Es ist logisch und einleuchtend: Tun wir immer nur das, was wir schon können, wie sollen wir je etwas Neues dazulernen? Dann bleiben wir, wie wir sind.

Es geht nicht darum, unsere Angst zu leugnen, im Gegenteil. Nimm sie wahr, schau sie an, akzeptiere sie – und dich *mit* ihr. Doch versinke nicht darin, verschmelze nicht mit ihr. Stell sie dir außerhalb von dir vor, personifiziert, wie jemand an deiner Seite: ein unangenehmer Geselle, aber kein gefährlicher, lebensbedrohlicher. Stell sie dir konkret vor: Wie sieht sie aus, welche Ausdehnung hat sie, welche Farbe, welchen Geruch, wie ist sie angezogen, welche Haltung nimmt sie ein? Und vor allem: Was macht sie eigentlich, außer einfach neben dir zu stehen? Nicht viel, meistens…

Daraufhin sagst du zu ihr: „Begleite mich, wenn du willst. Ich lasse mich von dir aber nicht von meinem Vorhaben abbringen. Ich dulde dich zwar, aber ich handle, als ob es dich nicht gäbe. Du bist wohl da, aber Macht über mich besitzt du nicht."

2. Woher nehme ich den Mut?

Mut ist nicht Furchtlosigkeit, wie man so leichthin annehmen könnte. Mut ist die *Überwindung* der Furcht. Etwas zu tun – und sei es noch so spektakulär –, von dem wir überzeugt sind, dass wir es können, es gut ausgeht, alle es billigen, vor dem wir uns nicht fürchten, erfordert keinen Mut. Mut haben heißt, seine Angst erkennen, annehmen, zu ihr stehen und sie übergehen, sich von ihr nicht abhalten lassen und trotz und mit ihr handeln. Dann vergeht ihr irgendwann die Lust, uns zu quälen, und sie zieht sich zurück.

Wir haben doch in unserem Leben schon unzählige Male Mut bewiesen! Seit frühester Kindheit brauchten wir ihn immer wieder: für die ersten Schritte ohne uns festzuhalten, um das erste Mal eine Treppenstufe zu überwinden, ohne Stützräder Fahrrad zu fahren, am ersten Tag ohne die Mutter im Kindergarten, als wir das erste Mal einen Hund streichelten oder von einem Mäuerchen sprangen, uns mit einem Stärkeren prügelten, sogar um bei Tisch eine unbekannte Speise zu kosten, …

Als Kinder besaßen wir diesen Mut; die Neugier, die Lust am Entdecken und am Lernen war schließlich immer stärker als unsere Angst vor dem Unbekannten und vor dem Versagen.

Finden wir diesen kindlichen Mut wieder! Betrachten wir das Leben als eine Schule und gehen wir freudig gespannt auf neue Erfahrungen zu, um innerlich daran zu wachsen. Die Angst wird uns immer wieder begleiten und zu behindern versuchen. Denken wir in solchen Situationen an eine Begebenheit in der Kindheit zurück, in der wir die Angst überwanden, und fühlen wir die damalige Freude, als es uns gelang.

Es gibt ferner eine ganze Reihe von Argumenten – je nach Situation –, mit denen wir uns selbst Mut zusprechen können:
- Ich kann es ihm/ihr/den anderen so oder so nicht immer recht machen: Also tue ich, was ich für richtig halte, und mache es dadurch wenigstens mir selbst recht.
- Ich bin kein Egoist, wenn ich mein Leben lebe und mich nicht in Rollen drängen lasse, wenn ich die Entscheidungen für mich treffe und meinen Weg gehe. Jeder Mensch hat das Recht, ja die Pflicht dazu. Und vor allem bin ich nicht für die Empfindungen und Reaktionen der anderen verantwortlich, egal was ich sage und tue.
- Niemand ist fehlerlos. Auch mir kann es passieren, dass ich jemandem wehtue, etwas Dummes sage oder mache, in einer Situation versage, mich der Kritik aussetze, …

Lieber bin ich mutig und mache etwas „falsch", als dass ich aus Angst davor nur schweige und im alten Trott weiterfahre. Ich kann mich ja für meine „Fehler" entschuldigen – auch das ist ein Beweis für Mut und Stärke.
- Ich vertraue darauf, dass mich meine Seele (meine Innere Stimme) immer das Richtige tun lässt – selbst wenn es nicht so scheint, selbst wenn Mitmenschen es anders beurteilen. Ich glaube fest daran, dass alles so kommt, wie es für alle Beteiligten gut ist.
- Wenn jemand mich nicht mehr mag, nicht mehr liebt, bloß weil ich es wage, ich selbst zu sein, so habe ich an dieser Person nicht viel verloren. Denn Menschen, die mich

nur mögen, wenn ich nett, großzügig, hilfsbereit bin, ihnen nicht widerspreche, mich ihrem Willen füge, will ich nicht mehr um mich haben. Es wäre entwürdigend für mich.

3. Die Angst überlisten
Manchmal sagt uns der Verstand, es bestehe kein Grund, uns vor etwas zu fürchten. Dennoch empfinden wir Angst und schaffen es nicht, sie loszuwerden. Warum ist es so?

Dies liegt daran, dass wir aus verschiedenen Ichs bestehen: mentales, emotionales, körperliches Ich (oder auch: Geist/Bewusstsein, Unbewusstes, Körper), die bis zu einem gewissen Grad eigenständig und unabhängig voneinander agieren und reagieren.

Obwohl der Verstand in einer bestimmten Situation überzeugt ist, Angst sei nicht nötig, kann das vom Unbewussten gesteuerte, irrationale emotionale Ich sie dennoch empfinden; sie schnürt uns dann die Kehle zu und lähmt uns. Das Gleiche gilt für den Körper, der jeweils mit Herzklopfen, kaltem Schweiß und Zittern reagiert.

Deshalb genügt es nicht, uns die Angst ausreden zu wollen. Der Verstand hat nicht immer – eher selten – Macht über das emotionale und das körperliche Ich. Wir müssen uns mit der Angst auf jeder Ebene gesondert beschäftigen:

• Einige Beispiele rationaler Argumente für den *Verstand* stehen auf der vorangehenden Seite und es dürfte dir auch leicht gelingen, je nach Situation passende zu finden.

• Die Angstempfindung des *emotionalen Ich* können wir bewusst und gezielt durch andere Gefühle überlagern, beispielsweise durch beruhigende oder aufputschende klassische oder rockige Musik, ein friedvolles Bild wie eine Berglandschaft oder ein lachendes Kindergesicht, auch indem wir uns intensive, positiv emotionsgeladene Erinnerungen ins Gedächtnis rufen und darin verweilen. Wichtig dabei ist, uns in diese absichtlich heraufbeschworenen Emotionen in einer meditativen Weise ganz zu vertiefen.

• Der *Körper* lässt sich überlisten, indem wir ihm Symptome vorgaukeln, die normalerweise für Ruhe und Gelassenheit stehen und nicht für Angst: Wir atmen ruhig und tief in den Bauch, entspannen bewusst die Muskeln, schließen die Augen und lächeln.

Diese Methoden wirken bei den irrationalen Ängsten, die wir als solche erkennen, wie die Angst vor einer Aufgabe, vor einer Begegnung oder einer bestimmten Situation.

Praktizieren wir sie immer wieder, so verschwindet die betreffende Angst mit der Zeit – auf der körperlichen Ebene allerdings recht langsam, denn die Angstreaktion bleibt noch eine ganze Weile im Körpergedächtnis gespeichert. Der Körper kann deshalb sogar dann noch Symptome der Angst zeigen, wenn wir sie weder mental noch emotional empfinden; darauf reagieren leider wiederum die beiden anderen Ichs und lassen sich davon erneut einfangen.

Deshalb ist es so wichtig, dass wir uns, neben der Symptombekämpfung, gleichzeitig immer auch tatkräftig wie unter Punkt 1 beschrieben über die Angst hinwegsetzen.

4. Mach es zuerst dir selbst recht!
Dieses ist eines der wichtigsten der auf Seite 106 aufgeführten Argumente gegen die Angst; deshalb erläutere ich es ausführlicher.

Du kannst doch tun oder lassen, was du willst, einer findet schon etwas daran auszusetzen. Wozu also die Angst, wenn du es ohnehin nicht immer und nicht allen recht machen kannst? Tue einfach, was *dir* recht ist! Es wird jedes Mal jemanden geben, der dein Handeln gut findet, und jemanden, der es kritisiert. Du bist kein Egoist, weil du dir erlaubst, das zu tun, was du als richtig spürst. Wer es dir vorwirft, ist der wahre Egoist.

* Namen geändert

Dazu eine nette Geschichte, die mir Carmela*, eine Bekannte aus Süditalien, einmal zu diesem Thema erzählte. Eine gute Woche nach der Geburt ihres ersten Kindes, Flavio*, führte sie ihn voller Stolz im Kinderwagen durch das Dorf spazieren. Sie hatte ihn nur mit einer leichten Baumwolldecke zugedeckt, denn es war August und sehr heiß. Ihre Cousine, der sie unterwegs begegnete, sagte sofort: „Nimm die Decke weg! Oder willst du, dass der Kleine einen Hitzschlag erleidet?" Carmela gehorchte erschrocken.

Daraufhin traf sie eine Freundin, die bereits mehrere Kinder hatte. Während sie mit ihr sprach, zog diese Flavio die Decke wieder bis zum Hals und schaute die junge Mutter dabei missbilligend an. „Beim ersten Ausgang an die frische Luft solltest du dein Baby schon besser schützen", erklärte sie belehrend.

Weil es an der Sonne zu heiß war, stellten sich die beiden für ihre weitere Unterhaltung unter einen Schatten spendenden Baum und plauderten weiter. Bald gesellte sich eine von Carmelas Großtanten hinzu, die wie viele ältere Leute auch im Hochsommer nie ohne Schal aus dem Haus ging. Kaum hatte sie das Kind gebührend bewundert, streifte sie ihren Schal ab und legte ihn über das Kind, damit ihm nicht kalt werde.

Fast unnötig zu sagen, dass die nächste Frau, die dazukam, den Schal wegzog mit den Worten: „Soll dein Junge darunter ersticken?" Und eine weitere entfernte auch die Baumwolldecke wieder. So ging es den ganzen Nachmittag. Egal wie das Kind gebettet war, richtig war es nie, und die arme Carmela fühlte sich völlig verunsichert.

In diesem Zusammenhang komme ich auf Schuldgefühle und Selbstvorwürfe zurück. Schuldgefühle suchen uns zuweilen heim, wenn wir unseren eigenen Weg gehen und sich jemand dabei verletzt fühlt und es uns vorwirft. Es ist auch eine beliebte, bewusst oder unbewusst angewandte, Methode in Konflikten, beim Gegenspieler durch gezielte Vorwürfe Schuldgefühle hervorzurufen, denn er neigt dann eher dazu, das vermeintliche Unrecht wiedergutzumachen oder von einem Vorhaben abzusehen.

Es ist eine durchaus positive menschliche Eigenschaft, dass wir es schlecht ertragen, andere leiden zu sehen, besonders geliebte Menschen. Betrachten wir es aber einmal von der entgegengesetzten Seite: Handeln wir, um einem anderen nicht wehzutun, gegen unsere Seele, dann mag der andere zufrieden sein, aber wir selbst leiden. Und an die Stelle der Schuldgefühle treten dann die Selbstvorwürfe, weil wir nicht auf unser Innerstes gehört haben. Doch hast du dich jemals gefragt, wieso sich der andere das Recht herausnimmt, *dich* leiden zu lassen? Sollte er nicht ebenso Schuldgefühle empfinden? Und sich selbst zurücknehmen, damit es *dir* gut geht?

→ „Ich will doch andere nicht verletzen" Seite 124 f.

Ich plädiere nicht dafür, rücksichts- und kompromisslos die eigenen Interessen zu verfolgen und ohne links und rechts zu schauen über Leichen zu gehen. Die Frage, die wir uns immer stellen sollten, ist: Will es mein Ego oder will es meine Seele? Es gibt Bedürfnisse und Wünsche, die wir nicht missachten dürfen, wollen wir nicht psychisch und mit der Zeit sogar körperlich erkranken. Wenn wir ehrlich mit uns selbst sind, spüren wir sehr wohl, ob es jeweils um tiefe Bedürfnisse geht oder bloß um mehr oder weniger banale Begehrlichkeiten. Ich verweise in diesem Zusammenhang auch auf die Unterscheidung, ob wir etwas aus echter Liebe oder aus Angst tun, wie auf Seite 79 erläutert.

Im Zweifelsfall und besonders wenn wir an der Stärkung unserer Selbstliebe arbeiten, müssen wir das Risiko eingehen, es lieber einmal zu viel als einmal zu wenig uns selbst recht zu machen und einen anderen leiden zu lassen. Gerade weil wir uns aus Angst und mangelndem Selbstwertgefühl früher oft nicht trauten, unseren eigenen Weg zu gehen, uns sogar ausnutzen und missbrauchen ließen, liegt es nahe, dass bei erstarkender Selbstliebe das Pendel auf die andere Seite ausschlägt und wir es sind, die andere unterdrücken und sich mitunter etwas rücksichtslos verhalten – nicht aus Rache oder Bosheit, sondern weil wir es noch nicht besser können und das gesunde Mittelmaß erst finden müssen. Das braucht eine gewisse Zeit, wiederholtes Üben und etwas Erfahrung. Dadurch, dass wir es wagen, lernen wir, und die gleiche Rücksichtslosigkeit, die gleiche egoistische Verhaltensweise wird uns nicht wieder passieren. Halten wir uns aber zurück, blockieren wir uns. Schlucken wir alles hinunter aus Angst, einmal jemandem wehzutun, so lernen wir es nie.

Mir erging es seinerzeit auch so: Ich sagte und tat manchmal Dinge, die nicht richtig waren, wodurch ich andere vor den Kopf stieß oder verletzte. Entscheidend ist, es danach einzusehen. Und das tun wir, keine Sorge: Wir spüren es deutlich in uns. Daraufhin dürfen wir uns entschuldigen, müssen wir uns entschuldigen, denn es ist ein Zeichen großer Stärke, ein Fehlverhalten zuzugeben und zu sagen: „Es tut mir leid, bitte verzeih mir."

Aber ohne Selbstvorwürfe und ohne Schuldgefühle. Diese sind nichts als selbstzerstörerisch und sie vernichten das Selbstwertgefühl. Schlussendlich nützen sie auch niemandem. Mach es dir immer wieder bewusst: Wenn du jemanden verletzt oder ihm ein Unrecht getan hast, dann hat er nichts davon, wenn es dir schlecht geht vor lauter Schuldgefühlen und Selbstvorwürfen und du deswegen schlaflose Nächte verbringst. Dem anderen tut es wesentlich besser, wenn du dein Unrecht eingestehst und dich entschuldigst.

Einer meiner Lieblingssprüche, den ich in diesem Buch so ähnlich schon zitiert habe, lautet: Es gibt keine Fehler, es gibt nur Erfahrungen.

Das ist aber nicht ganz korrekt, *einen* Fehler gibt es nämlich: Wenn wir etwas tun, obwohl wir bereits wissen, dass es nicht richtig ist. Und der allerhäufigste ist: nicht auf uns selbst, auf unsere Seele zu hören. Wir wissen zwar genau, was wir wollen, und spüren, was uns guttut – und machen es doch nicht. Meistens aus Angst.

Vergiss nie: Du hast ein einziges Leben, also vertue es nicht damit, es anderen recht zu machen und dich von deinen Ängsten daran hindern zu lassen, es so zu leben, wie du es willst. Damit du eines Tages im Angesicht des Todes nicht bereuen musst, dein Glück immer wieder deinen Ängsten geopfert und nicht das getan zu haben, was der Sehnsucht deiner Seele entsprach.

→ „Nutzt die Möglichkeiten der Freiheit!" Seite 127

Die Angst vor dem Versiegen des Brunnens

„Die Angst vor dem Versiegen des Brunnens ist ebenso leidvoll wie der Durst selbst", habe ich in der Wüste sagen hören.

Wie oft lassen wir uns doch von düsteren Zukunftsvisionen die Lebensfreude rauben! Wir wälzen Gedanken, was passieren, wie negativ sich etwas entwickeln könnte, fürchten bestimmte Ereignisse und leiden unter diesen Vorstellungen. Um irgendwann zu erkennen, dass das Befürchtete gar nie eingetreten ist. Oder wenn doch, dass es nicht halb so leidvoll ist wie die Angst, die wir davor hatten.

Die Angst vor dem Versiegen des Brunnens habe ich einst real und gleichzeitig im übertragenen Sinn erfahren. Während einer Wanderung, bei der ich auf den Rucksack verzichtete, weil es unterwegs ein Restaurant gab, war ich tief in Gedanken versunken über etwas Bevorstehendes, das mir große Sorgen bereitete.

Nach einer Weile machte mich an einer Weggabelung ein Schild darauf aufmerksam, dass jener Gasthof Betriebsferien hatte. Ich ärgerte mich darüber, dass man dies nicht schon zu Beginn des Wanderweges mitteilte, und sofort dachte ich daran, dass ich an jenem heißen Tag fürchterlich Durst leiden würde und einen Hitzschlag riskierte.

Als ich nach mehreren Stunden mein Endziel erreichte, musste ich zugeben, dass mein Durstgefühl gar nicht so schlimm gewesen war; auch stellte ich fest, dass ich keinerlei Symptome einer Dehydrierung aufwies.

Während ich am Dorfbrunnen kühles Quellwasser trank, klingelte mein Handy, und – oh Wunder! – die Situation, die mich wochenlang bedrückt hatte, löste sich mit zwei Worten in positiver Weise.

Es ist zwar schwer, unser Urvertrauen über Tage und Monate aufrechtzuerhalten und den Glauben nicht zu verlieren, dass falls der Brunnen wirklich versiegt, uns nicht weit entfernt eine Quelle mit frischem, klarem Wasser erwartet. Dennoch müssen wir alles daran setzen, düstere Zukunftsgedanken beim ersten Auftreten zu verjagen, ihnen auf keinen Fall nachhängen, so hartnäckig sie auch sind.

Die beste Methode, um die Angst vor dem Versiegen des Brunnens zu verlieren, ist konsequent in der Gegenwart zu leben. Denn die Zukunft bildet sich in jedem Augenblick neu, sie steht zu keinem Zeitpunkt fest. *Wir* bilden unsere Zukunft – durch unsere Taten, aber auch durch unsere Gedanken. Fürchten wir das Scheitern, einen Misserfolg, etwas Schlimmes, so laden wir das Scheitern, den Misserfolg, das Schlimme zu uns ein.

Die Angst zieht das Gefürchtete an

Es wird gesagt: Wenn wir vor etwas Angst haben, ziehen wir genau das an, was wir fürchten. Doch warum ist es so?

Für einiges gibt es eine wissenschaftliche Erklärung. Zum Beispiel bei der Angst, uns beim Kontakt mit einem Kranken anzustecken. Angst (wie auch Stress, körperliche und psychische Überbelastung) schwächt das Immunsystem. Deshalb haben die Bakterien und Viren leichtes Spiel – sie werden von unserem Körper nicht effizient bekämpft, wenn wir uns vor einer Ansteckung fürchten.

Wir kommen ja immer wieder mit kranken Menschen zusammen und unsere ganze Umgebung ist generell mit Bakterien und Viren regelrecht verseucht; befinden wir uns in einem psychischen Gleichgewicht, ist die Gefahr zu erkranken geringer, als wenn wir die gegenwärtige Lebenssituation als belastend empfinden.

Ein anderes Beispiel ist die Angst vor Hunden. Angst verursacht eine bestimmte Duftausscheidung, die der Hund erkennt: Er bellt, knurrt oder greift einen Ängstlichen eher an, weil er ihn aufgrund seiner Angst für unterlegen hält. Im Tierreich funktionieren viele wichtige Prozesse, wie Aggression und Paarung, über Düfte.

Wir Menschen haben im Zuge der Evolution die empfindsame Nase zwar eingebüßt und kennen durch die Verwendung von Deodorants und Parfüms unsere eigenen „Düfte" nicht mehr. Verzichten wir jedoch einmal darauf, unseren natürlichen Körpergeruch zu übertünchen, können wir in einer Angst- oder Stresssituation leicht selbst feststellen, dass unsere Ausdünstung anders riecht als der „normale" Schweiß nach körperlicher Anstrengung. Jedenfalls nehmen auch die Menschen den Angstschweiß ihresgleichen nach wie vor wahr, wenn auch nicht bewusst. Sondern wir diesen in einer Konfrontationssituation ab, beispielsweise weil wir aus mangelndem Selbstwertgefühl Angst davor haben, unser Gegenüber zu verärgern oder zu verletzen, so wird diese Person es unbewusst wahrnehmen, unsere Angst ausnutzen und uns so behandeln, wie wir es befürchten.

Für manches gibt es hingegen keine wissenschaftlich anerkannte Erklärung, jedoch eine, die mir persönlich einleuchtet: Unsere Gedanken an das Gefürchtete erzeugen ein Energie-Bild. Je mehr wir uns gedanklich dieser Angst ausliefern, also je öfter und intensiver wir unsere Aufmerksamkeit darauf richten, desto stärker entfaltet sich die Energie und desto schneller wird sich das gedankliche Bild in der Wirklichkeit manifestieren. Das Gleiche geschieht ja auch mit einem Wunsch: Ist unser Verlangen stark genug, ziehen wir das Ersehnte möglicherweise an. Eine Angstempfindung ist in der Regel jedoch mächtiger, weshalb etwas Gefürchtetes eher eintritt als etwas Begehrtes.

IX. Die Stützen der Selbstliebe

→ Ausführlich habe ich dies in meinem Buch „Karma Yoga – Auf dem sonnigen Weg durch das Leben" erläutert.

Dieses Buch wäre für mich nicht komplett, ginge ich nicht wenigstens kurz auch auf die beiden anderen Eigenschaften ein, die ich zusammen mit der Selbstliebe gern als „die Pfeiler des sonnigen Lebenswegs" bezeichne. Dabei greife ich auch die im 2. Kapitel eingeführte Thematik des Glücklichseins wieder auf.

1. Der Gleichmut

Den Begriff Gleichmut verwendet man heutzutage eher selten, häufiger spricht man von Gelassenheit, im Buddhismus auch von heiterer Gelassenheit; man setzt diesen Zustand manchmal gleich mit Seelenruhe, innerem Frieden. In der Bhagavadgita, einer weisen Schrift aus dem Hinduismus, heißt es:

→ Bhagavadgita XII, 18 f.

„Gleichmütig gegenüber Freund und Feind, gleichmütig gegenüber Ehrung und Beschimpfung, Freude und Leid, Lob und Tadel, Kummer und Glück, Hitze und Kälte, still, genügsam und zufrieden mit allem, ohne an Menschen und Dingen, Ort und Heim zu hängen, gefestigt im Geist..."

Unser Alltag, ja unser ganzes Leben, ist gekennzeichnet davon, dass es Dinge gibt, die wir haben wollen, und andere, die wir nicht wollen: Wir wollen gesund sein, wir wollen nicht krank sein; wir wollen gut verdienen, wir wollen nicht arm sein; wir wollen geliebte Menschen an unserer Seite, wir wollen nicht einsam sein.

→ „Unsere Wünsche und die blinde Göttin" Seite 22

Wir haben also Wünsche. Dagegen ist auch nichts einzuwenden. Zum Problem werden sie ja erst, wenn wir uns unglücklich fühlen, weil sie sich nicht erfüllen. Oder weil uns etwas widerfährt, was wir eben nicht haben wollen, etwa dass ein Freund sich von uns abwendet, nachdem unsere Selbstliebe erstarkt ist und wir nicht mehr unterwürfig alles tun, was er von uns erwartet.

Hier wird schon der Zusammenhang zwischen Selbstliebe und Gleichmut deutlich. Wenn du dich um die Liebe eines bestimmten Menschen bemühst, ihn nicht verlieren willst, koste es was es wolle, bist du von ihm abhängig und tust alles, was er von dir erwartet, um ihn dir wohlgesonnen zu erhalten und nicht zu verärgern. Wie sollte es dir dabei gelingen, deine Würde zu bewahren, geschweige denn dein Selbstwertgefühl? Deine Verlustangst stellst du in diesem Fall über deine Selbstliebe.

Verfügst du hingegen über eine gute Portion Gleichmut (und Urvertrauen, dazu komme ich gleich), dann bist du dir bewusst, dass du den eventuellen Verlust mit einer gewissen Gelassenheit ertragen könntest. Das verleiht dir den Mut, das Risiko eines Konflikts, gar der endgültigen Trennung einzugehen. Und deine Selbstliebe erstarkt.

Ein weiteres Beispiel. Wenn dir dein schönes Haus, dein schnelles Auto, die tollen Ferien überaus viel bedeuten, bist du von deiner gut bezahlten Arbeit abhängig und wirst dich hüten, sie aufs Spiel zu setzen – auch wenn der Vorgesetzte ungerecht ist, dir mehr und mehr Überstunden aufbrummt, dich erniedrigend behandelt. Du wehrst dich nicht aus Angst, den Job und damit deinen Wohlstand zu verlieren. Deine Selbstachtung schwindet. Bist du hingegen gleichmütig, zumindest materiellen Werten gegenüber, so lässt du dir von deinem Chef nichts gefallen, auf die Gefahr hin, dir eine neue Stelle suchen zu müssen, an der du vielleicht weniger verdienst. Aber auch anders herum: Bist du wahrhaft gleichmütig, berührt dich das Verhalten deines Chefs nicht, sodass du deine Stelle nicht aufzugeben brauchst.

Du siehst, es ist wichtig, neben unserer Selbstliebe auch den Gleichmut zu pflegen. Gleichmut hat mit Wertung zu tun. Um das zu erklären, muss ich buchstäblich bei Adam und Eva anfangen.

Die beiden Urmenschen lebten im Garten Eden und waren vollkommen glücklich. Sie kannten keine Bedürfnisse und kein Leid, sie bekamen alles, was sie brauchten. Gott hatte ihnen einzig die Frucht vom Baum der *Erkenntnis von Gut und Böse* verboten. Dennoch aßen sie sie, und von da an besaßen sie die Fähigkeit der Unterscheidung: Während zuvor alles gleichermaßen gut gewesen war, empfanden sie nun einiges als gut, angenehm, also erwünscht, und anderes als böse, unangenehm, also unerwünscht.

Die Bibel erzählt weiter, Gott habe sie wegen ihres Ungehorsams aus dem Garten Eden gejagt. Die ganze Geschichte ist natürlich symbolisch zu verstehen: Adam und Eva, also die Menschen schlechthin, entfernten sich selbst vom Paradies, von der immerwährenden Glückseligkeit, als sie zu differenzieren begannen und fortan auch Hässliches, Böses, Unangenehmes sahen.

Diese Eigenschaft des Unterscheidens entspricht der sogenannten Erbsünde, die der Bibel zufolge von den Urmenschen an ihre Nachkommen weitergegeben wurde. Sie lastet auf uns allen: Wir halten die einen Dinge für schön und die anderen für hässlich, die einen für gut und die anderen für schlecht, die einen für angenehm und die anderen für unangenehm. Die einen wollen wir, die anderen wollen wir nicht. Hier beginnen die Probleme, damit fängt das Leiden an. Nicht nur werden wir unzufrieden, wenn uns versagt bleibt, was wir ersehnen, und uns zustößt, was wir verabscheuen. Schlimmer noch ist, dass wir um der vermeintlich beglückenden Dinge willen und um dem zu entkommen, was wir fürchten, uns auf ungesunde Machenschaften und faule Kompromisse einlassen, bis dahin, uns selbst zu erniedrigen und unser wahres Wesen zu verleugnen. Glücklich werden wir dabei nicht.

Der Ausweg ist im Grunde genommen ganz einfach: Wir müssen aufhören zu werten. Wir müssen aufhören, Unterschiede zu sehen. Es muss uns einerlei sein, ob wir reich oder arm, gesund oder krank sind, in einer harmonischen Partnerschaft leben oder allein, ob unser Chef uns schätzt und anerkennt oder ob er uns nicht mag. Es muss uns egal sein, was die Leute über uns denken und von uns halten, eine friedvolle Atmosphäre darf uns nicht willkommener sein als eine konfliktgeladene.

So viel zur Theorie. Natürlich ist jedem von uns lieber, wenn er geliebt wird, mit allen in Frieden lebt, reich und gesund ist. Das ist klar. Und es ist bestimmt zu viel verlangt, keinen Unterschied mehr zu empfinden zwischen den Dingen, die uns lieb sind, und denen, die wir nicht mögen.

Aber einen kleinen Schritt in Richtung Gleichmut sollten wir tun, müssen wir tun, wollen wir unsere Selbstliebe stärken. Und anhaltend glücklich sein. Lernen wir wenigstens zu akzeptieren, gleichmütig anzunehmen, wenn sich etwas ereignet, das uns nicht so gut gefällt, das wir lieber anders gehabt hätten. Diese Eigenschaft des Annehmens – man kann so weit gehen zu sagen: des Erduldens – war früher weiter verbreitet und positiv bewertet. In der heutigen Zeit und Gesellschaft sind wir hingegen darauf aus, ausschließlich glücklich zu sein, und meinen, einen Anspruch darauf zu haben.

„Aber...", denkst du jetzt, „du hattest doch am Anfang des Buches geschrieben, dass es unser Recht ist, glücklich zu sein?" Ja, das habe ich geschrieben. Aber auch: Wir selbst, und nur wir selbst, können für unser Glück sorgen. An dieser Stelle will ich ergänzen, dass ich hierbei zwischen *Recht* und *Anspruch* einen Unterschied mache, obwohl diese Begriffe, zusammen mit Anrecht und Berechtigung, durchaus auch synonym verwendet werden.

Ziehen wir zum besseren Verständnis den Vergleich mit dem Recht auf Schulbildung hinzu. Wir haben grundsätzlich das Recht, glücklich zu sein, ebenso wie wir das Recht haben, zur Schule zu gehen. Mit dem Recht allein ist es aber nicht getan. Beide Rechte sind zugleich Pflichten: Wir müssen in der Schule Wissen erwerben, um später einen guten Beruf auszuüben, ebenso wie wir in der Lebensschule lernen müssen, um glücklich zu werden. Dabei können wir *keinen Anspruch* darauf erheben, tatsächlich das höchste, immerwährende Glück – das, was wir individuell dafür halten – zu erlangen. Ebenso wie wir keinen Anspruch auf einen Doktortitel haben, bloß weil wir zur Uni gehen. In beiden Fällen liegt es teilweise an uns selbst, ob wir uns die entsprechenden Fähigkeiten aneignen, teilweise aber an Gegebenheiten, die außerhalb unserer Macht liegen.

Wir haben also zwar das grundlegende Recht, glücklich zu sein, aber keinen Anspruch darauf, dass das Schicksal uns nur auf Händen trägt. Wir wissen – und wir müssen akzeptieren, gleichmütig akzeptieren –, dass das Leben sich stetig wandelt und uns Zeiten beschert, in denen wir Gutes bekommen, aber auch Zeiten des Mangels, der Herausforderungen und Prüfungen.

Es ist an uns, die Weisheit zu entwickeln, *in jeder Lage* unser Glück zu finden. Andauernde Zufriedenheit ist möglich, allerdings nur dann, wenn wir auch „harte" Zeiten als glücklich machend betrachten. Schwierig, ja fast unmöglich, zugegeben. Aber wenn es uns bloß schon gelingt, diese

→ Vergleiche Seite 20 zum halb vollen und halb leeren Glas

Phasen wenigstens mit einem gewissen Grad an Gleichmut über uns ergehen zu lassen, werden wir die wundersame Erfahrung machen, dass sie gar nicht so schlimm sind. Je mehr wir sie kategorisch ablehnen, als etwas völlig Negatives betrachten, desto mehr leiden wir darunter – sie sind immer so, wie wir sie sehen, sehen wollen, und wie wir selbst sie beurteilen.

Umgekehrt bedeutet das nicht, wir sollen fatalistisch die Hände in den Schoß legen und sagen: „Ach, so ist es eben, Schicksal." Wir müssen und dürfen für unser Glück etwas tun, getreu dem Sprichwort: „Jeder ist seines eigenen Glückes Schmied". Solange das Eisen heiß ist zum Schmieden. Nur wenn es kalt ist, also nicht zu bearbeiten, unveränderlich, dann sollen wir es bleiben lassen und die Situation annehmen, *gleichmütig* annehmen, wie sie ist.

Halten wir uns an das bereits zitierte Lebensmotto: „Ich habe die Kraft und den Mut, zu verändern, was ich verändern kann; die Gelassenheit, gleichmütig zu ertragen, was ich nicht verändern kann; und die Weisheit, zwischen dem einen und dem anderen zu unterscheiden."

In klaren Worten: Wenn wir unglücklich sind, sollen wir etwas dagegen tun. Lassen sich die unglücklich machenden Umstände selbst nicht verändern, dann müssen wir unsere Einstellung dazu verändern. Was bleibt uns denn anderes übrig? Wir haben in diesem Fall doch keine andere Wahl, oder? Außer unglücklich zu bleiben…

Ich weiß, es ist nicht einfach, und ich selbst bin weit davon entfernt, frei von Wertung, Wünschen und Ängsten zu sein. Das Materielle bekommen wir in der Regel einigermaßen in den Griff, sofern wir unser vermeintliches Selbstwertgefühl nicht an Statussymbole geknüpft haben. Ob wir einen eleganten Mercedes fahren oder einen zerbeulten Fiat, in einer Luxusvilla mit Swimmingpool wohnen oder in einer winzigen Mansarde, lernen wir leicht zu relativieren.

Aber im Zwischenmenschlichen haben wir alle große Bedürfnisse: nach Liebe, nach Nähe, nach Gemeinschaft, nach Verstandenwerden. Diese Bedürfnisse sind es dann auch, bei denen unser Gleichmut schnell einmal versagt – falls unsere Selbstliebe zu schwach ist. Gerade in diesem Bereich ist es deshalb für unsere Zufriedenheit unerlässlich und entscheidend, an der Stärkung der Selbstliebe und des Gleichmuts gleichzeitig zu arbeiten.

Wie kannst du nun deinen Gleichmut schulen? Auch hierbei gilt die Regel der kleinen Schritte. Beginne mit wenigen, einfachen Aufgaben. Wie die Bhagavadgita sagt: Hör auf, dich über die Hitze zu beklagen oder über die Kälte und dass es regnet, wenn du lieber Sonne hättest, und es nicht regnet, wenn du im Garten die Blumen gießen musst. Lerne, die gewöhnlichen „Widerwärtigkeiten" – die meistens nicht wirklich widerwärtig sind – zu ertragen, ohne zu murren, zu schimpfen, zu fluchen und auch ohne Widerwillen zu verspüren.

Wenn das Wetter schlecht ist, hör auf, darüber zu reden (wie es alle tun), und versuche, etwas Gutes darin zu sehen. Ist es kalt – na ja, was ist schon so schlimm daran? Einen dicken Pullover anziehen, viel mehr braucht es nicht, auch wenn es eben nicht mehr so schick ist. Oder wenn du Hunger hast, ihn einfach aushalten, so tragisch ist ein knurrender Magen nicht. Nebenbei bemerkt: Gleichmut, um Hunger zu missachten und dem Naschen zu widerstehen, ist eine nützliche Hilfe, wenn man ein paar Kilos abnehmen will.

Danach gehst du einen Schritt weiter und versuchst, was andere sagen oder tun, nicht mehr an dich heranzulassen, dich nicht zu ärgern, nicht verletzt zu fühlen, etwa wenn jemand dich kritisiert, am Arbeitsplatz oder im Freundeskreis. Schau es als gegebene Tatsache an, beziehe es nicht auf dich persönlich und bewerte es nicht. Du weißt jetzt ja, dass alles, was ein anderer sagt oder macht, nur mit ihm selbst zu tun hat und überhaupt nichts mit dir. Warum solltest du dich also betroffen fühlen, schlecht, erniedrigt, verletzt? Versuch auch, nicht alles so wichtig zu nehmen. Wie wichtig ist es denn in Wirklichkeit, wenn du es ganz nüchtern, wie von außen betrachtest?

Es gibt im Alltag unzählige Chancen und Möglichkeiten, um Gleichmut zu praktizieren, viel mehr als um die Selbstliebe zu üben. Nutze diese Gelegenheiten! Du wirst rasch feststellen, wie viel leichter sich dein Leben gestaltet, und deine innere Zufriedenheit finden, egal, was um dich herum geschieht.

Das wiederum wird dir den Mut schenken, du selbst zu sein, das zu tun, was du für dich als richtig spürst, ohne immer daran zu denken und Angst davor zu haben, wie andere darauf reagieren. So stärkst du gleichzeitig deine Selbstliebe.

2. Das Urvertrauen

→ „Die Kuh auf der Insel" Seite 126

In der Psychologie geht man davon aus, dass ein grundlegendes Vertrauen ins Leben während der frühesten Kindheit, vielleicht schon in der Embryonalphase, durch eigene Erfahrungen erworben wird – oder eben nicht.

Spirituell betrachtet ist das Urvertrauen indes in jedem Menschen vorhanden als ein Vertrauen ins Göttliche, ins Leben, ins Schicksal, oder wie man dieses Höhere nennen will. Letztlich ist es das Vertrauen in das Höhere in uns, in unsere innere Wahrheit und Weisheit, Seele, Innere Stimme, die uns leitet und uns stets zum Richtigen, zum Guten rät und führt.

Es sind zwei grundlegende Einsichten, die wir uns immer wieder bewusst machen müssen, um unser Urvertrauen zu stärken:

→ Vergleiche Seite 22 über die Erfüllung der Wünsche

• *Ich bekomme immer das, was ich brauche und mir guttut.* Unabhängig von meinem Streben und Bemühen wird mir gegeben, was die innere Entwicklung fördert, und es wird mir genommen, was sie hemmt. Ich besitze nicht die Macht, etwas zu erreichen, was nicht für mich bestimmt ist. Dies auf lange Sicht betrachtet, denn bei einem im wahren Sinne des Wortes kurzsichtigen Blickwinkel erhalte ich mitunter, was ich will – doch nur als Erkenntnislektion. Steht es nämlich meinem Lebensziel entgegen, so geht es mir wieder verloren oder wird mich unglücklich machen, sodass ich einen anderen Weg einschlage.

• *Es kann mir nichts geschehen, was nicht gut für mich ist.* Alles, was mir zustößt, verfolgt einzig den Zweck, mich zu lehren, mir neue Erkenntnisse zu vermitteln, meine innere Entwicklung zu fördern. Dabei sind alle und alles meine Lehrer in dieser Lebensschule. Kein Mensch, keine Naturgewalt, kein Lebewesen besitzt die Macht, mir etwas anzutun, falls es nicht sein darf und meinem individuellen Lernprozess zuwiderläuft. Und wie sehr ich auch versuche, etwas zu meiden oder zu fliehen, ich kann nichts abwenden, was für mich bestimmt ist. Ich darf aber auch darauf vertrauen, dass mir nie mehr aufgebürdet wird, als ich zu tragen vermag.

Wenn wir diese beiden Grundsätze beherzigen: Worüber sollten wir uns Sorgen machen? Und wovor uns fürchten? Es besteht objektiv kein Grund dazu. Es kommt ohnehin immer so, wie es gut für uns ist.

→ „Die Angst vor dem Versiegen des Brunnens" Seite 112

Aber logischerweise nicht nur für uns, sondern ebenfalls für alle anderen Beteiligten. Auch die Menschen, die durch unser Tun und Lassen mit betroffen sind, bekommen genau das, was sie brauchen und ihnen guttut; nichts kann ihnen geschehen, was nicht für sie bestimmt ist.

Dieses Bewusstsein sollte uns dazu ermutigen, auch einmal etwas zu tun, was jemanden verärgert, in eine schwierige oder herausfordernde Situation bringt, ihm vielleicht sogar wehtut oder, oberflächlich betrachtet, „schadet".

Damit meine ich natürlich nicht, wie bereits zuvor erwähnt, wir dürften zu rücksichtslosen Egoisten werden, ohne Empathie und Nächstenliebe. Wir sollen nur nach bestem Wissen und Gewissen wir selbst sein und uns entsprechend verhalten, auf unsere Seele hören und unsere Entscheidungen für unser eigenes Dasein treffen. Dazu haben wir das Recht, ja die Pflicht. Ich bin zutiefst davon überzeugt, dass dies die wichtigste Verpflichtung ist, die wir im Leben haben: unserem eigenen Lebensweg zu folgen und unser wahres Wesen zu manifestieren, ohne Zaudern, ohne Zweifel, ohne Angst. Zwangsläufig sind andere involviert und fühlen sich deshalb möglicherweise unglücklich. Aber aufgepasst: Nicht *du machst* sie unglücklich, sondern *sie fühlen* sich unglücklich wegen äußerer Umstände außerhalb ihrer Macht, die ihnen nicht gefallen. Wolltest du das vermeiden, müsstest du dich immer den Wünschen der anderen fügen, wobei du aber unglücklich und deine wahre Bestimmung verpassen würdest.

→ „Ich will doch andere nicht verletzen" Seite 124 f.

Nachfolgend gebe ich dir zwei konkrete Anregungen, wie du an deinem Urvertrauen arbeiten kannst. Es (wieder) zu erlangen ist ein Prozess, der beim einen Menschen länger und beim anderen weniger lange dauert, sich beim einen als beschwerlicher und beim anderen fast als mühelos erweist. Denn das Urvertrauen ist eine Gnade: Wir können es (wie die „Erleuchtung") nicht erzwingen, sondern nur im stetigen Bemühen anstreben, bis es uns geschenkt wird.

A. Wie bei der Stärkung der Selbstliebe arbeitest du auch hier mit Alltagssituationen:
• Jedes Mal, wenn dir etwas widerfährt, das du nicht magst (auch bei banalen Begebenheiten), machst du dir bewusst: „Es hat bestimmt einen Sinn, auch wenn ich ihn nicht augenblicklich sehe. Ich akzeptiere es. Was kann ich daraus lernen?" Zudem: „Es ist doch nicht so wichtig. Ich habe getan, was ich konnte, nun ist es eben anders herausgekommen, es ist gut, wie es ist. Ich vertraue darauf, dass es für mich und alle Beteiligten das Richtige ist."
• Jedes Mal, wenn ein Ereignis dir gefällt, fühlst du Dankbarkeit dafür und machst dir bewusst: „Es hat bestimmt einen Sinn, auch wenn ich ihn nicht augenblicklich sehe. Ich nehme es dankbar an. Was kann ich daraus lernen?" Und: „Es ist im Grunde nicht so wichtig, es wäre ebenfalls gut, hätte es sich anders ergeben."
• Du begibst dich in jede Situation, vor allem in solche, vor denen du dich fürchtest, die dir unangenehm sind, deren Folgen du nicht abschätzen kannst, mit der Überzeugung: „Egal wie es kommt, es ist gut, es ist das Richtige für mich; ich werde daraus neue Erkenntnisse gewinnen, die mich in meiner Entwicklung voranbringen. Wie es auch kommt, ich mache niemanden dafür verantwortlich, weder mich noch andere Menschen noch die Umstände; ich verzichte auf jede Schuldzuweisung im Bewusstsein, dass nichts geschehen kann, was nicht für mich bestimmt ist."

B. Wahrhaft gläubige Muslime sagen bei jedem Ereignis „Al-hamdu li-llah" (= Lob sei Gott, im Sinn von „Dank sei Gott!"), egal ob sie im Lotto gewonnen haben oder eine Katastrophe eingetreten ist. Das nimmst du dir zum Vorbild:
• Du dankst für alles, was dir gegeben wird, beispielsweise für das Essen, das vor dir auf dem Tisch steht; für den Spaziergang, den du machst; für das Gespräch, das du mit je-

mandem führst; für die Kränkung, die du gerade eingesteckt hast; für die Erkältung, die dich plagt; für die Entlassung von deiner Arbeitsstelle; für den Verlust deiner Brieftasche, ...
• Du sprichst diesen Dank jedes Mal bewusst in Gedanken aus, mit der Formulierung, die für dich persönlich stimmt (Danke, lieber Gott, für..., Danke, Schicksal, für..., Ich danke euch höheren Mächten für..., Danke, Leben, für..., Ich danke dir, meine Seele, für... oder mit anderen Worten) und bemühst dich, diese Dankbarkeit auch wirklich zu fühlen, selbst wenn das „Geschenk" dir Leiden oder Traurigkeit gebracht hat.
• Du dankst im Bewusstsein, dass was dir auch zugefallen ist einen Sinn hat und schlussendlich gut für dich ist.

Ich will doch andere nicht verletzen...

Wir sollen andere nicht verletzen aus Bosheit, weil wir möchten, dass sie leiden. Natürlich nicht! Aber: Wenn jemand sich verletzt fühlt und es ihm wehtut, weil du dir erlaubst, für dein Leben eine Entscheidung zu treffen und in einer Weise zu handeln, die ihm nicht gefällt, dann tust du es ja nicht aus niederen Beweggründen.

Dennoch schrecken wir davor zurück, jemandem einen Schmerz zuzufügen. Dafür ist nicht zuletzt auch mangelndes Urvertrauen verantwortlich.

Zwei Aspekte sollten wir in diesem Zusammenhang beachten.
- Der erste. Wenn wir etwas tun oder nicht tun, um jemanden zu schonen, dann bedeutet dies im Grunde genommen, dass wir dem anderen nicht zutrauen, mit einer Situation fertig zu werden, die für ihn ein bisschen leidvoll, schwierig oder problematisch sein könnte. Dadurch erniedrigen wir diesen Menschen. Und noch viel mehr erniedrigen wir ihn, wenn wir aus Mitleid so handeln, wie es für uns selbst nicht stimmt. Versetz dich einmal in diese Lage: Wie fühlst du dich, wenn du weißt, dass jemand nur aus Mitleid, weil er dir nicht wehtun will oder dir nicht zutraut, mit der Situation fertig zu werden, etwas tut, was er gar nicht möchte? Willst du das? Willst du, dass andere dir das antun?

Oft verhalten wir uns in dieser Weise, weil uns der Mut fehlt, wir den Konflikt scheuen. Nichts anderes, da gibt es nichts zu beschönigen: Jemanden nicht verletzen zu wollen, ist vielfach nichts als eine Ausrede.

Wir sollten jedoch auch berücksichtigen, dass wir ihn dabei um die Chance neuer Erkenntnisse bringen. Denn wir alle wissen: Am meisten lernen wir nicht, wenn es uns gut geht, wenn alles rund läuft; dann leben wir einfach und genießen es. Aber das Lernen für die Zukunft, für unsere innere Entwicklung, um zu erstarken, geschieht hauptsächlich in schwierigen, herausfordernden Situationen, auch wenn es uns wehtut, oder gerade wenn es uns wehtut. Dann sehen wir uns nämlich gezwungen, etwas zu ändern, und bringen auch den Mut, den Willen und die Kraft dazu auf.

→ Vergleiche „Verantwortung für andere" Seite 89

Treffen wir nach bestem Wissen und Gewissen eine Entscheidung für uns selbst, dann dürfen wir darauf vertrauen, dass es am Ende auch für alle anderen stimmt, dass die Dinge sich so entwickeln, wie es für alle gut ist, und sei es nur, dass sie eine wichtige Lebenslektion lernen.

Hab also niemals Bedenken, dass du jemandem einen Schaden zufügst, wenn du deinen Weg gehst. Du hast das Recht, vielmehr die Pflicht, deinen Weg zu gehen.

- Nun zum zweiten Aspekt. Wir glauben immer zu wissen, welche Konsequenzen unsere Handlungen haben werden, also: Wenn ich das und das sage, dann fühlt sich der andere so und so oder er reagiert so und so.

Weit gefehlt! Oft trifft das, was wir uns ausmalen, überhaupt nicht ein. Dazu eine nette Geschichte, die mir eine junge Frau einmal erzählte.

Irene* hatte eine Jugendfreundin, mit der sie bis Ende zwanzig oft zusammen war und vieles unternahm. Dann spürte sie jedoch, dass sie sich unterschiedlich entwickelt hatten, nicht mehr viele gemeinsame Interessen besaßen und auch kaum mehr Gesprächsstoff vorhanden war, außer dem Erinnerungsaustausch über die alten Zeiten.

* Name geändert

Als ihr das richtig bewusst wurde, wollte sie diese Frau am liebsten nicht mehr treffen, oder zumindest nicht mehr so oft. Sie wagte es jedoch nicht, es ihr offen zu sagen, um sie nicht zu verletzen, sondern meldete sich von sich aus nicht mehr. Die andere schien nichts davon zu merken und rief immer wieder an, um sich zu verabreden. Irene erfand eine Ausrede nach der anderen und wenn ihr nichts mehr einfiel, gab sie nach und traf sich wieder mit ihr. Das ging eine ganze Weile so weiter, bis Irene klar wurde, dass sie nicht ewig ausweichen konnte. Sie beschloss, mit der Freundin zu reden.

Beim nächsten Treffen traute sich Irene allerdings lange nicht, zur Sache zu kommen, und plauderte nur belanglos. Nach einer Weile sagte die andere etwas verlegen: „Weißt du, Irene, wir waren ja ganz dicke Freundinnen. Aber ich habe gemerkt, dass wir uns in letzter Zeit auseinandergelebt haben. Mir wäre es lieber, wir würden uns nicht mehr so oft treffen. Sei mir nicht böse, das ist nicht persönlich gemeint, wir passen einfach nicht mehr zusammen."

Wie sagt man so schön? Erstens kommt es anders und zweitens als man denkt! Wir sollten aufhören, die Folgen unserer Taten in Gedanken vorwegzunehmen, wir sollten aufhören zu glauben, wir wüssten immer, wie etwas ausgeht, wie jemand reagiert.

Wir müssen den Mut haben, das zu tun, was wir als richtig erachten, den anderen zumuten, dass sie damit umgehen können – oder es eben lernen – und darauf vertrauen, dass es so kommt, wie es für alle Beteiligten gut ist.

Die Kuh auf der Insel

Diese kurze Geschichte zum Thema unnütze Sorgen und Urvertrauen stammt vom Sufi Jalaluddin Rumi.

Eine Kuh lebte ganz allein auf einer üppigen grünen Insel. Den ganzen Tag fraß sie das saftige Gras, war wohlgenährt und fühlte sich gut.

Doch jede Nacht, wenn es dunkel war und sie das Gras nicht mehr sah, machte sie sich große Sorgen, was sie am nächsten Tag fressen würde, und dieser Kummer verzehrte sie, sodass sie ganz dünn wurde.

Am nächsten Morgen, wenn sie die Wiese erneut sehen konnte, war sie wieder glücklich und fraß bis zur Dämmerung, kam zu Kräften. Doch sobald es dunkel wurde, begann sie wieder sich zu sorgen, zu jammern und zu klagen.

→ Vergleiche „Die Angst vor dem Versiegen des Brunnens" Seite 112

Wie oft machen wir uns – wie die Kuh – Sorgen um den nächsten Tag, um die Zukunft, weil wir sie in der Dunkelheit, die in uns und um uns herum gerade herrscht, nicht sehen und nicht darauf vertrauen, dass das Morgen für sich selbst sorgt.

Nutzt die Möglichkeiten der Freiheit!

Mira* lebt in einem Land und einer Kultur, in der die Eltern und die Traditionen noch geehrt werden. Ein Ausbrechen ist ihr kaum möglich, will sie nicht sozial geächtet sein. Woher sollte sie den Mut und die Kraft nehmen, sich gegen die Familie und die Gemeinschaft zu stellen?

* Namen geändert

Als junges Mädchen ging sie eine Beziehung mit Arim* ein, den sie damals zu lieben glaubte. Nachdem die beiden eine Zeit lang zusammen waren, lernte sie jedoch einen Europäer kennen, ihre große Liebe, der ihr eine andere Lebensweise, ja eine völlig neue Welt mit unbegrenzten Möglichkeiten zeigte; die beiden schmiedeten Pläne für eine gemeinsame Zukunft und Mira sah darin auch die Chance, ihre beruflichen Träume zu verwirklichen. Doch bevor sie den Mut fand, sich von Arim zu trennen, erkrankte sein Vater schwer. Auf dem Sterbebett, im Kreis der ganzen Sippe, erpresste er von ihr die Zusage, dass sie seinen Sohn heiraten würde. Damit war Miras Schicksal besiegelt. Nie und nimmer hätte sie ihr Versprechen brechen können. Sie trennte sich also von ihrer wahren Liebe und heiratete Arim, obwohl sie ihn nicht mehr liebte und er begonnen hatte, sich als der dominante Mann zu zeigen, den er in seiner Kultur sein durfte.

Seither sind nun schon viele Jahre vergangen. Mira ist unglücklich und resigniert, ja verzweifelt.

Das Tragische ist nicht, dass sie sich in einer Lage befindet, die sie unglücklich macht – das erleben wir alle immer wieder einmal. Das Tragische ist diese Aussichtslosigkeit, jemals etwas zu ändern. Wegen ihres sozialen Umfelds ist sie bis zum Tod darin gefangen, sie sieht keine Möglichkeit, sich zu befreien. Klar und hart ausgedrückt: Miras Leben ist gelaufen. Sie kann nur noch zusehen, wie es sich abwickelt. Und sie ist doch erst fünfunddreißig!

Ich erzähle euch diese wahre Geschichte, um euch zu sagen: Ihr habt die Möglichkeit, euer Leben zu ändern, wenn ihr unglücklich seid. Tut es! Schaut nicht zu, wie es an euch vorbeigleitet. Unternehmt die nötigen Schritte! Wir leben hier in einer freien Welt, wir haben einen freien Willen, wir dürfen, ja wir müssen unser eigenes Leben leben. Natürlich ist es nicht immer einfach, aus einer leidvollen Situation auszubrechen, natürlich braucht es Mut, natürlich könnte es vorübergehend schwierig werden. Aber Mut wird belohnt. Und das größte Geschenk, was über alles trägt, ist das Bewusstsein, dass ihr zu euch selbst steht, dass ihr eure Würde bewahrt, ihr euch selbst achtet und liebt.

Macht es nicht wie Mira, fügt euch nicht in ein freudloses Leben. Ihr habt das Recht, glücklich zu sein. Und ihr selbst könnt etwas dafür tun.

Schlusswort

Nun komme ich zum Schluss dieses Kurses über Selbstliebe. Vorher habe ich aber eine letzte Aufgabe für dich.

Du bist jetzt wahrscheinlich voller Eindrücke, vielleicht auch voller Tatendrang und guter Vorsätze. Doch aus meiner eigenen Erfahrung weiß ich, dass Vorsätze schnell wieder vergessen gehen. Dem solltest du vorbeugen.

Geh bitte noch einmal zur Seite 16. Vielleicht willst du die Einschätzung deiner Selbstliebe korrigieren? (Punkt 1).

Schau dir dann auch die Punkte 2, 3 und 4 an zu deinen Schwierigkeiten mit der mangelnden Selbstliebe und denk einen Moment darüber nach, ob immer noch alles zutrifft oder ob du etwas hinzufügen, ändern oder streichen willst. Überlege dir daraufhin, mit Blick auf dein Hauptproblem, welche ganz konkreten Möglichkeiten du jetzt für den ersten Schritt deiner Selbstveränderung siehst.

Deine Gedanken kannst du auf den Seiten 130/131 eintragen, „Mein nächster Schritt". Es ist wichtig, dass du für dich klar formulierst, was du konkret tun willst. Geh dabei wie folgt vor:

1. Notiere dein Hauptproblem, das du angehen willst.
2. Schreib auf, welche deine wichtigste Erkenntnis nach der Lektüre dieses Buches ist, die dir hilft, dein Problem zu lösen.
3. Beim dritten Punkt hältst du fest, welches dein nächstes unmittelbares konkretes Ziel ist. Also nichts in der Art: „Ich will mein Selbstwertgefühl stärken". Sondern ein Ziel, auf das du im Alltag praktisch hinarbeiten kannst, zum Beispiel: „Ich lasse mir von meinem Chef keine Ungerechtigkeiten und Erniedrigungen mehr gefallen." Oder: „Ich höre auf, meinem Perfektionismus zu frönen und bis in die Nacht hinein meine Hausarbeit zu erledigen."
4. Ebenso beim vierten Abschnitt, „Mein erster konkreter Schritt". Das ist eine zeitlich und inhaltlich präzisere Formulierung von Punkt 3. Hast du dort zum Beispiel geschrieben „Ich lasse mir von meinem Chef keine Ungerechtigkeiten und Erniedrigungen mehr gefallen", dann könntest du jetzt schreiben: „Morgen stelle ich meinen Chef zur Rede."

Oder: „Das nächste Mal, wenn er mich wieder ungerecht oder erniedrigend behandelt, stelle ich ihn augenblicklich, ohne zu zögern zur Rede."

Es ist wichtig, dass du hier die zeitliche Komponente mit einbringst, um das ewige Aufschieben zu vermeiden. Falls möglich, beschreibe auch die Aktion genauer, zum Beispiel, wie du ein solches Gespräch beginnen willst. Aber nur den ersten Satz; denke dir nicht ganze Dialoge aus, die dann ohnehin anders laufen, als du dir ausgemalt hast. Vertraue darauf, dass deine Seele, nachdem du den Anfang gemacht hast, dich durch das Gespräch führt und du Mut und Weisheit in dir findest.

5. Schließlich noch der letzte Punkt. Hier solltest du einen Glaubenssatz aufschreiben, der dich trägt beim Durchführen deiner konkreten Schritte und/oder falls du einmal einen solchen Schritt nicht schaffst. Er könnte beispielsweise lauten: „Ich weiß, es kann mir nichts passieren, am Ende kommt alles gut." Auch, vielleicht als Ergänzung: „Ich verzeihe mir alles, ich mache keine Fehler, ich bin einfach nur am Lernen."

Es sollen Glaubenssätze sein, die dich aufbauen und dir Mut machen, wie du sie auf den Seiten 49/50 und 106/107 findest, oder andere Erkenntnisse, die dich bei der Lektüre dieses Buches besonders angesprochen haben, oder Weisheiten, die du schon länger kennst und immer wieder einmal hilfreich verwendet hast.

Ich empfehle dir wärmstens, diese letzte Aufgabe sofort zu erledigen, damit du schwarz auf weiß festgehalten hast, wie du weitergehen willst. So kannst du es dir auch jederzeit wieder vor Augen führen und dich selbst daran erinnern.

Mein nächster Schritt

1. Mein Hauptproblem, das ich jetzt angehen will:

2. Meine tragende Erkenntnis zur Lösung dieses Problems:

3. Mein nächstes unmittelbares konkretes Ziel:

4. Mein erster konkreter Schritt (im Detail, auch zeitlich definiert):

5. Mein Mutmacher-Glaubenssatz:

Insgesamt sind es also zwei praktische Aufgaben, denen du dich nun widmest:
- die eben beschriebene, die du auf den Seiten 130/131 notiert hast, um deine belastendste Schwierigkeit im Zusammenhang mit der Selbstliebe zu überwinden;
- die Arbeit an der von dir gewählten Verhaltensweise aus der Liste der Seiten 58 bis 60, die du von nun an in deinem Alltag zu verändern versuchst, sobald du in die jeweilige Situation gerätst.

→ Für die Arbeit an den verschiedenen Verhaltensweisen empfehle ich dir auch mein Buch „Ich liebe mich selbst 2", in welchem Aufgaben und Übungen zu den einzelnen Verhaltensweisen detailliert beschrieben sind; Info Seite 135.

Es wäre nicht verwunderlich, wenn diese beiden Aufgaben sich als eine einzige oder zumindest als eng zusammenhängend herausstellen würden. Dann kannst du deine Aufmerksamkeit und deine Kräfte bündeln.

Betrifft es hingegen zwei unterschiedliche Situationen, empfehle ich dir, dich auf die erste zu konzentrieren, die ja auch zeitlich eingegrenzt ist; hast du diesen Schritt gemacht, so kannst du mit der zweiten beginnen und von da an deine Wachsamkeit auf beide richten, wobei du wahrscheinlich feststellen wirst, dass einmal die eine und einmal die andere im Vordergrund steht.

Nun komme ich wirklich zu den letzten Zeilen, die ich an dich richten will, es sind vor allem nochmals Mut machende Worte.

Denk immer an zwei wichtige Weisheiten, die dir Motiv und Motivation sind, an dir zu arbeiten:
- Wer sich nicht selbst liebt, muss sich lieben lassen und ist abhängig und fremdbestimmt.
- Nur wer sich selbst liebt, kann andere wirklich lieben und wird von anderen wirklich geliebt.

Der Weg zu mehr Selbstliebe ist ein langer Prozess, bei dem wir an uns arbeiten müssen. Sei nie ungeduldig mit dir selbst! Sei dir bewusst, dass du viel, viel üben musst, dass du auch wieder in alte Verhaltensmuster fallen wirst. Das ist normal, unvermeidbar. Sei deshalb immer lieb zu dir selbst, verzeih dir alles. Du machst keine Fehler, du machst nur Erfahrungen.

Arbeite mit den Methoden, die ich dir gezeigt habe: mit der Autosuggestion, vor allem aber mit dem praktischen Üben im Alltag, indem du an deinen problematischen Verhaltensweisen arbeitest, konsequent und geduldig, Schritt um Schritt.

Betrachte das Leben als eine Schule, als ein spannendes Abenteuer, bei dem du etwas Neues lernst, etwas Neues ausprobierst. Versetz dich wieder in das kleine Kind, das du einmal warst, das neugierig seine Grenzen erkundete und auslotete, wie weit es gehen darf.

→ Mehr zum Leben als Schule findest du in meinen Büchern „Karma Yoga – Auf dem sonnigen Weg durch das Leben" und „Der Sinn des Lebens und die Lebensschule". Weitere Infos dazu auf den Seiten 135 und 139.

Und du lernst. Denk nie, dass du nichts daraus lernst, auch wenn es manchmal so aussehen mag. In deinem Unbewussten geschieht wie hinter einem Schleier eine Veränderung – und plötzlich bricht sie hervor. Plötzlich wirst du feststellen: Es hat sich etwas verändert!

Hab keine Angst! Überwinde sie, indem du sie missachtest und alles tust, obwohl du Angst hast. Alles, was du für richtig hältst, alles, was du als gut für dich spürst.

Du gerätst vielleicht vermehrt in Konflikte, aber du verfügst auch über mehr Stärke, um sie auszutragen. Du wirst ohnehin nur für diejenigen Menschen unbequem, die keine echten Freunde sind; dafür ziehst du Menschen an, die dich lieben und schätzen, wie du bist.

Hab auch den Mut, einen schwierigeren Schritt zu gehen, über deinen Schatten zu springen. Es kann dir nichts passieren. Hab das Vertrauen, dass immer alles so kommt, wie es für alle Beteiligten gut ist. Und nimm nicht alles so wichtig: Du sollst dich ernst nehmen, aber nicht so wichtig.

Du bist der Mittelpunkt deiner Welt.
Du hast das Recht, dein Leben zu leben.
Du bist nachsichtig mit dir und verzeihst dir alles.
Du bist ein wertvoller Mensch und du bist es wert,
dich selbst zu lieben.

In der Reihe „Wegweiser" des nada Verlags

Karin Jundt
Liebe ist kein Deal – Ein Weg zur glücklichen Paarbeziehung
Softcover, 188 Seiten, ISBN 978-3-907091-16-6

Der Liebesdeal ist das in Paarbeziehungen am häufigsten gelebte Modell. Es beruht auf dem Prinzip eines ausgewogenen Gebens und Nehmens mit einem fairen Verhältnis zwischen Rechten und Pflichten. Betrachtet man jedoch die hohen Trennungs- und Scheidungsraten und die erhebliche Anzahl unzufriedener oder konfliktärer Beziehungen, ist es offenbar nicht besonders erfolgreich.

Wonach wir uns in Wahrheit sehnen, ist die selbstlose, bedingungslose, vorbehaltlose Liebe, ohne Forderungen und Erwartungen, die eine harmonische Verbindung zweier Menschen nährt, in welcher jeder er selbst sein darf und angenommen und geliebt wird, wie er ist.

Reine Liebe, ein hohes Ideal. Um es zu erlangen, ist zuerst eine gründliche Auseinandersetzung mit dem eigenen Ego unerlässlich. Die tragenden Elemente für ein Leben im Einklang mit sich und dem Partner sieht Karin Jundt dann in Selbstliebe, Authentizität, Kommunikation und Einheit.

Ihr Buch richtet sich an Menschen, die den Weg der selbstlosen Liebe einschlagen oder vertiefen wollen. Es ist aber auch für all jene ein Wegweiser, die ihre Partnerschaft friedlicher und bereichernder gestalten oder an bestehende Probleme herangehen und sie bewältigen möchten. Ebenso wie für Singles, die im Hinblick auf eine künftige Paarbeziehung einen neuen Impuls suchen, auch um die Fehler der Vergangenheit nicht zu wiederholen.

Wie es für ihre Wegweiser-Bücher charakteristisch ist, bleibt die Autorin nicht bei der Theorie stehen, vielmehr gibt sie konkrete, im Alltag anwendbare Anleitungen und Tipps, damit die neuen Erkenntnisse in der Praxis genutzt und umgesetzt werden können.

Webseiten der Autorin:
www.selbstliebe.ch
www.karma-yoga.ch

Karin Jundt
Ich liebe mich selbst 2
Softcover, 156 Seiten, ISBN 978-3-907091-06-7

Bei diesem Buch, von der Autorin als Fortsetzung und Ergänzung ihres ersten Wegweisers zu diesem Thema konzipiert, handelt es sich um eine konkrete Anleitung zum Aufbau und zur Stärkung des Selbstwertgefühls und der Selbstliebe. In jedem der 26 kurzen Kapitel befasst sie sich mit einer Verhaltensweise, die auf eine schwache Selbstliebe hindeutet, und schlägt eine auf den gewöhnlichen Alltag ausgerichtete Übung vor, um diese Verhaltensweise zu verändern. Es geht dabei um unsere Abhängigkeit von anderen Menschen, um Verlustangst, Selbstbestimmung, aber auch um Perfektionismus, Überheblichkeit, mangelnde Spontaneität und nicht zuletzt um die Ängste.

Die von ihr vermittelten Erkenntnisse und Einsichten sind aus dem Leben gegriffen, ihre Übungsvorschläge und Tipps für alle praktikabel. Der Alltag ist die Schule der Selbstliebe.

Karin Jundt
Karma Yoga – Auf dem sonnigen Weg durch das Leben
Softcover, 140 Seiten, ISBN 978-3-907091-03-6

Der Karma Yoga, eine jahrtausendealte Lehre aus Indien, ist im Westen kaum bekannt. Obwohl es sich im Ursprung um einen spirituellen Weg handelt, kann man ihn, unabhängig von der eigenen religiösen und philosophischen Ausrichtung, zur wohltuenden Veränderung der inneren Haltungen praktizieren. Seine Erkenntnisse lassen sich leicht in das normale Leben einbauen und machen den Alltag selbst zum Übungsfeld, ohne dass man sich gesondert Zeit nehmen muss für spezielle Praktiken wie Meditation oder Körperübungen. Den Grundsätzen des Karma Yoga zu folgen, führt zu einem Dasein mit weniger Ängsten und Sorgen und mehr Zuversicht und Mut.

Das ist auch das Anliegen der Autorin: einen einfachen, verständlichen Leitfaden anzubieten, mit konkreten, alltagsbezogenen Anregungen, um das Leben im Hier und Jetzt zu erleichtern und zufriedener zu gestalten. In ihrem Buch beleuchtet sie vor allem die Themen Selbstwertgefühl/Selbstliebe, Urvertrauen und Gleichmut – und natürlich das Handeln, das zentrale Element des Karma Yoga.

Spirituelle Romane im nada Verlag

Karin Jundt
Jonathan von der Insel
Softcover, 160 Seiten, ISBN 978-3-907091-09-8
E-Book: ISBN 978-3-907091-11-1

Der Fischer Jonathan macht einen außergewöhnlichen Fang: einen bunten, sprechenden Fisch, der Wünsche erfüllt – allerdings anders, als man es erwartet. Beim jungen Mann löst er den Prozess der bewussten inneren Entwicklung aus. Auch Jonathans Freundin Serena begegnet dem Fisch, und er weist ihr den Weg aus einer schwierigen, leidvollen Zeit. Beim Dorftrottel Beppi scheint der Fisch gar Wunder zu wirken. Die Geschichte spielt auf einer kleinen Insel im südlichen Mittelmeer; es ist die Kulisse des gewöhnlichen Alltags, wo Menschen Leidenschaft und selbstlose Liebe erfahren und die Last schweren Schicksals tragen.

Es ist eine tiefsinnige, märchenhafte, spannende Erzählung von der Liebe und dem Weg zweier Menschen durch das Lichte und Dunkle des Lebens. Was ihnen zuerst oft sinnlos scheint, fügt sich in das Geschehen harmonisch ein, hat seinen Stellenwert im Ganzen und wird sinnerfüllt, sobald es ihnen gelingt, das Leben als Weg zum Höheren anzunehmen und auf die Vollkommenheit des kosmischen Plans zu vertrauen.

„Jonathan von der Insel" malt ohne Mahnfinger und theoretische Belehrung in poetischer, liebevoller Weise ein ruhiges Bild, wie Menschen, die mit beiden Füßen fest in dieser Welt stehen, zugleich mit Kraft, Zuversicht und Lebensfreude dem Ruf ihrer Seele folgen.

Webseite des Verlags mit Leseproben:
www.nada-verlag.ch

Karin Jundt
Der Wanderer im dunklen Gewand
Softcover, 164 Seiten, ISBN 978-3-907091-10-4
E-Book: ISBN 978-3-907091-12-8

Er erwacht eines Nachts unter dem Sternenhimmel, weiß nicht, wer er ist, woher er kommt, wohin er gehen soll – und macht sich auf den Weg. Später erhält er einen Namen und damit eine scheinbare Identität. Die Frage nach seinem Ursprung, seiner Heimat, dem wahren Sein, dem Sinn verstummt indes nie. In dieses Leben hineingestellt, sucht der Wanderer seinen Weg über lichte Hügel und durch dunkle Täler, lässt sich leiten vom Fluss, lernt durch seine Erfahrungen und Erkenntnisse – und wundert sich über die immer zahlreicher werdenden goldenen Flecken an seinen dunklen Kleidern.

Jedes Mal wenn er meint, er könne nicht mehr, wenn er erschöpft und verzweifelt ist, findet er Menschen, die ihm die Hand reichen, bis er einem Weisen – Jonathan aus dem Roman „Jonathan von der Insel" – begegnet, der ihm zur Erkenntnis seines wahren Wesens verhilft. In Francesca findet er dann auch die große Liebe, die ihn fortan auf seiner Reise begleitet. Doch sein Ziel kann er am Ende nur allein erreichen…

Manfred Kyber
Der Königsgaukler
Hardcover, 72 Seiten, ISBN 978-3-907091-08-1

Ein zeitloses spirituelles Märchen über den Lebensweg eines jeden Menschen zu seinem höheren Selbst, ein Märchen, das Mut macht, Hoffnung schenkt und Trost spendet.

Diese neue Ausgabe entspricht dem Originaltext der Erstpublikation aus dem Jahr 1921, berücksichtigt jedoch die neue deutsche Rechtschreibung und Zeichensetzung.

Das Büchlein ist liebevoll und edel gestaltet, um diesem Juwel der spirituellen Literatur gerecht zu werden, und eignet sich auch hervorragend als Geschenk.

Spirituelle Buchreihe Sonnwandeln von Karin Jundt

Sonnwandeln – dieser von der Autorin erdachte Begriff mit der doppelten Bedeutung von „auf dem sonnigen Lebensweg wandeln" und „sich zu einem sonnigen Gemüt wandeln" – war der Titel ihrer dreißigteiligen E-Schriftenreihe, einem Werk für spirituelle Entwicklung und Selbstveränderung. Grundlegend überarbeitet und ergänzt, ist Sonnwandeln nun als Buchreihe in fünf Bänden erschienen.

Das Konzept ist einzigartig in seiner Ganzheitlichkeit und seinem Alltagsbezug. Jedes Kapitel weist die gleiche Struktur auf: „Einführende Gedanken" stellt eine Einleitung ins Thema dar und wirft auch Fragen auf, die dann in den weiteren Rubriken „Vertiefende Aspekte" und „Fragen & Antworten" konkret und alltagsbezogen behandelt werden. Zu jedem Thema gibt es eine Aufgabe für die innere Entwicklung, ergänzt durch Vorschläge für Affirmationen, eine Imagination oder Meditation und unterstützende Heilsteine und Bach-Blüten. Wie es für Karin Jundt charakteristisch ist, behandelt sie alle Themen mit einem klaren Bezug zum gewöhnlichen Alltag und gibt konkrete Anregungen.

Webseite des Verlags mit Leseproben:
www.nada-verlag.ch

Karin Jundt
Der Sinn des Lebens und die Lebensschule
Sonnwandeln Band I
Softcover, 220 Seiten
ISBN 978-3-907091-05-0

Karin Jundt
Alltägliches Handeln im spirituellen Geist
Sonnwandeln Band II
Softcover, 256 Seiten
ISBN 978-3-907091-07-4

Karin Jundt
Über allem die Liebe
Sonnwandeln Band III
Softcover, 236 Seiten
ISBN 978-3-907091-13-5

Karin Jundt
Unsere innere Welt
Sonnwandeln Band IV
Softcover, 240 Seiten
ISBN 978-3-907091-14-2

Karin Jundt
Das spirituelle Leben
Sonnwandeln Band V
Softcover, 216 Seiten
ISBN 978-3-907091-15-9

www.ingramcontent.com/pod-product-compliance
Lightning Source LLC
Chambersburg PA
CBHW072155160426
43197CB00012B/2400